美好價值
金錢、道德與不確定世界的省思

good value
Reflections on Money, Morality and an Uncertain World

史蒂芬・葛霖
Stephen Green

許瑞宋 譯

財信出版

【目錄】

推薦序／顏慶章　　　　　　　　　　　5

致謝　　　　　　　　　　　　　　　9

前言　　　　　　　　　　　　　　　11

第一章
我的起點裡有我的終點　　　　　　　15

第二章
世界是我的牡蠣　　　　　　　　　　41

第三章
全球市集　　　　　　　　　　　　　77

第四章
通往新耶路撒冷的最後路程？　　　　121

第五章
從鬱金香到次貸到……　　　　　　　153

第六章
後代於我何干？　　　　　　　　　　187

第七章
浮士德與年輕財主　　　　　　　　　221

第八章
我的終點裡有我的起點　　　　　　　251

▶▶ 推薦序

推薦序

顏慶章

　　匯豐銀行主席葛霖先生於二〇〇九年完成《美好價值：金錢、道德與不確定世界的省思》(Good Value: Reflections on Money, Morality and an Uncertain World) 一書，自一九八二年加入匯豐銀行的傑出金融家，歷經二〇〇八年下半年摧枯拉朽的全球金融海嘯，葛霖先生在這本書詳加針砭這史無前例的事件，當然是極其合理的期待。本人基於財長任內推動臺灣空前的金融改革，加上在元大金控完成脫胎換骨的蛻變，被財信出版社囑咐為該書中文版寫推薦序言，也認為是理當應命的美事。

　　但經稍加瀏覽該書中譯文稿，竟發現金融層面的著墨有限，但偌多人生哲理的剖析與詮釋，卻令我胸臆澎湃不已。於是向財信出版公司索來英文原著，俾在檢視中文譯本信、雅、達的同時，又能直接咀嚼原著的菁華。本人必須非常愉悅地承認，這的確是個美好又豐碩的知識饗宴。

葛霖先生全書以探索旅程的記述筆法，帶領讀者親炙人生真義的旅行，這是何等令人嚮往的探索！談到諸多類型的探索旅程，倘非偏好驚險刺激，而期望恬靜中回味無窮。則以本人擔任駐WTO大使三年有餘的瑞士生活體驗，在冬季搭乘登山火車的旅程，差可比擬葛霖先生的探索。登山火車在山間雪景中蜿蜒前進，每個轉彎所呈現景致的變化，都讓遊客發出由衷的讚歎。葛霖先生藉由在牛津大學兼修政治、哲學與經濟（PPE）的涵養、「英格蘭國教會」（Church of England）授與聖職（ordained priest）的修持，以及上述極為入世又傑出的金融背景，行雲流水地敘述歐洲諸多文學史觀，已令讀者嘖嘖稱奇。於暢談各種層面的人生哲理時，又快速切換不同議題，應讓讀者不斷驚喜於每個轉折。

　　瑞士登山火車將遊客帶上峰頂，廣袤的視野，讓遊客無盡痴迷又恆久懷念。葛霖先生也將本書讀者帶領到探索的終點，他如此發人深省地稱：將回到啟程的地方，而「我的起點裡有我的終點，我的終點裡有我的起點」。站在葛霖先生既是終點又是起點的高處，俯視芸芸眾生與變幻無常的世間百態，與登上瑞士峰頂而攬抱山下深邃又多樣的景致，都有充滿省思的暢快。

　　葛霖先生如此博古通今又洞察哲理的記述，深獲我心的至少有三項。首先是對「僕人式領導」（servant leadership）的闡發，這理念固然是由Robert K. Greenleaf在一九七〇年所創議，並獲致學術界與產業界的熱烈迴響。葛霖先生再度

▶ 推薦序

強調領導的精髓，不在於支配你的部屬，而在藉由分享與分擔，自我樹立榜樣來激發部屬的潛能，俾可為共同的目標而努力。本人逾三十年擔任不同形式主管或首長的旅程，的確與不計其數的同事共享誠摯情誼與亮麗績效。

葛霖先生也多所論述「企業社會責任」（Corporate Social Responsibility）。國際上迄今固然尚無CSR的公認定義，但一般期待企業營運在合乎法律規定外，應有更高的道德標準，俾能顧及相關利益者（stakeholders）的權益與影響。葛霖先生主張企業善盡社會責任與謀求股東價值最大化並無衝突。本人自二〇〇五年六月帶領元大金控（前身為復華金控）以來，先予改善資產品質與強化競爭力，隨即不僅將公司治理落實為運作制度，並有效昇華成企業文化。在大幅增進股東價值的過程，元大金控亦積極善盡社會責任。葛霖先生的論述，將強化元大金控今後在CSR領域的更多作為。

葛霖先生這本書的精髓，在詮釋全球化趨勢的無可抗拒，而市場機制雖偶而導致扭曲或失靈，但仍屬不可替代且係驅動進步的環節。面對全球有以數億計的赤貧人民，經濟先進國家被邊緣化的人口也快速增加，葛霖先生細說許多卓越又平凡的人，如何積極投入共善（common good）的行動，也從基督教或一般哲理，呼籲我們必須保持希望與積極投入，否則全球化的故事將欠缺意義。本人雖非基督徒，但對基督教義頗多感通，過去的二十餘寒暑，也投入葛霖先生

所描述的卓越又平凡的共善，在施與受的體會，本人認為無需想像在付出中獲得寬恕，更不曾期盼寬恕中獲得救贖與永生。因為本人確信關懷與濟助弱勢人群，已超越任何宗教的戒律，而成為普世的道德圭臬與行為準則。

臺灣在全球化浪潮的衝擊與市場機制的運作下，也呈現諸多侵蝕社會安定的現象。且嚴峻程度與日俱增，但人文關懷不見殷切。則葛霖先生所作人生真義的探索，經由財信出版社以中文版分享國人，自屬頗值肯定的共善，爰樂予為序推薦。

致謝

特別感謝和我緊密合作，幫助我完成這本書的理查·艾迪斯（Richard Addis）。他是查爾斯·艾迪斯（Charles Addis）的曾孫。就許多方面而言，查爾斯·艾迪斯堪稱十九世紀末匯豐銀行在中國的代表人物。

我跟查爾斯·艾迪斯的關係，是我已經在匯豐銀行工作了二十七年，部分時間在香港，部分時間在倫敦。

查爾斯·艾迪斯的銀行職業生涯非常成功。1905年，他回到倫敦，擔任政府的國際金融談判顧問，角色日益吃重，從第一次世界大戰爆發前一直服務至戰後。他醉心文學與文化，同時也是非常虔誠的教徒，一言一行皆有信仰支持。他深信國際金融穩定對世界和平至關緊要，而且從不認為沒有品格的商業可以興旺發達。

他曾經寫道：「所有經濟概念，歸根結底，是以道德為基礎的。」一點也沒錯。

若不是得到理查無價的支持，我根本沒辦法寫出這本書。

此外，衷心感謝布萊恩·格里菲思（Brian Griffiths）。他在不同階段看過此書初稿兩次，貢獻了大量寶貴意見，並且給我極大的鼓勵。也要感謝萊斯利·佩里（Lesley Perry）與大衛·華許（David Walsh），他們以新眼光看這本書，提出了重要的改善建議。還有責任編輯海倫·康福特（Helen Conford），竭盡所能地幫助我這位業餘作者。莎拉·戴爾（Sara Dare）大力支持後勤工作，讓本書得以出版，功不可沒。當然也要感謝Jay，她在自己繁忙的生活中，欣然耐心地寬容我。

前言

　　本書記錄著尚未結束探索的旅程，探索者大半輩子投入跟金錢、商業與經濟發展的工作。此趟旅程始於2008年4月，地點是科木湖畔的千泉宮（Villa d'Este），有著義大利美麗的春天，背景是一場延燒中的全球金融危機。危機帶給我們反省的良機，思索一些關鍵問題：狀似穩當的體制為何忽然間搖搖欲墜？人類經濟與社會發展的整體方向在哪裡？發人深省的，還有人類經驗曖昧含糊的特質。

　　這些問題如今空前重要。我們正處於關鍵的歷史時刻，連地殼板塊都像正在移動似的。日益全球化的世界已墜入一場可能綿延多年的危機之中，情況之嚴峻是我們多數人此生未見的。至少四分之一個世紀以來，我們視為理所當然的一切，驟然間似有分崩離析之虞。信任大規模崩壞：對金融體系的信任、對銀行家的信任、對企業的信任、對企業領袖的信任、對從政者的信任、對媒體的信任、以至對整個全球化過程的信任，全部嚴重損壞，富國窮國皆然。

如果信任已如此嚴重受損,我們將往哪裡去?體系已浮現許多問題,該如何解決?我們應該回到從前嗎?有可能嗎?還有哪些選擇?我們個人也面對許多問題:世界出錯之處,我們這些年來都扮演了什麼角色?未來該怎麼做?而我們對自己、對人性究竟學到了什麼?到底怎樣才算是好生意、好生活?我們真正重視哪些價值?共善(common good)又是什麼?

要面對這些問題,我們首先得承認,有一些教訓必須記取,集體(全球)與個人皆然。大家必須願意學習,社會才有可能恢復進步;必須有增長智慧的決心,世界才有希望;而大家將會發現,必須誠實尋找美善之道,智慧才有可能增長。不過,這不是一本講經濟或政策的書,也不是全球經濟或金融體系的改革指南。本書探討的,是這場歷史性全球危機所衍生的其他議題:有關我們是誰、經歷了什麼樣的轉變,以及從哪裡來、往何處去的問題。這些是眼下大家熱衷探討的問題,但其實無論何時何地,它們都是我們必須思索的關鍵問題。當然,境況艱難時,我們對這些問題的意識會比較強,最近正是如此。我們得花時間好好面對它們,勇敢面對它們。

這場探索必然得從反思我們走過的路開始。因此,本書第一部分反省全球化對人類歷史與意識的驚人影響。不釐清此一歷史脈絡,我們是無法理解當前困境的。第二部分嘗試前瞻與內省(我認為兩者總是相輔相成的)。因為是內省,

➤ 前言

這部分探索必然是個人的、暫時的。每一個人的旅程皆尚未完成,而且當然也都是當事人本人的。但是,我們共同之處也非常多,因此才會對以下問題有廣泛共鳴:我們的世界到底怎麼了?我投入了那麼多創造力的工作有什麼意義?我想留下些什麼?除了「生命、自由與追求幸福」,還有其他重要的東西嗎?

第一章
我的起點裡有我的終點

我們將不停探索
而我們一切探索的終點
將是回到我們程啟之處
並且第一次認識這地方

——艾略特,〈小吉丁〉,1942年

科木湖。2008年春天的四月。艾略特眼中最殘酷的月份[1]。暮色漸臨。從湖邊望過去，遠處布納特山上的燈光剛開始閃爍。千泉宮的花園裡，影子愈拖愈長。

這裡處處彰顯著快樂原則（pleasure principle）[2]撫慰人心的效果。倫巴底（Lombardy）美景處處，自然的恩賜全不受人類干預，但這一切逃得過畫家、建築師、園丁與雕塑家加以美化的寥寥無幾。

湖邊的奢華別墅一間接一間，名字像是昂貴的布丁：卡洛塔（Carlotta）、巴比安內羅（Balbianello）、美爾奇（Melzi）、塞貝隆尼（Serbelloni）。兩千年來，科木湖令歐洲的貴族與文化精英心醉神迷，從蒲林尼（Pliny）到喬治四世，斯湯達爾（Stendhal）到李斯特（Franz Liszt）。位於切爾諾比奧（Cernobbio）的千泉宮，十六世紀由托洛梅奧・加利（Tolomeo Galli）主教發起興建，如今是一間豪華飯店。拱形屋頂下，賓客來來去去，走在碎石徑上，穿過睡美人的雕像。如果說，人類的故事就是我們已如何遠離冰冷的洞穴與日常的狩獵，那麼，在這裡，我們至少能很容易忘記這兩者曾經存在過。

我為什麼會在這裡？因為要參加又一場商業與金融研討

---

[1] 譯註：詩人艾略特名作《荒原》第一句就是「四月是最殘酷的月份」。

[2] 譯註：佛洛伊德提出的心理分析概念，指人會尋求滿足生理與心理需求，避免痛苦。與此相對的是現實原則，指人考慮到現實環境，必要時會忍受痛苦，延後滿足。

會：又一場類似達沃斯世界經濟論壇的聚會，從政者、金融家與經濟學家這些「當然疑犯」（usual suspects）同場討論世界局勢。杯觥交錯，酒酣耳熱。這些在全球資本體制中呼風喚雨的人，可以漫步於映山紅、山茶花、夾竹桃、杜鵑、繡球花、玫瑰與茉莉的花叢間，互相訴說他們的恐懼與希望。這是靜思的時候，也是分享與分擔的時候。這是放鬆、評估局勢的地方，可能也是規畫、交易的場所。

今年的氣氛空前陰鬱：山雨欲來，經濟風暴的隆隆雷聲是所有議論的低音部。連續十年的經濟成長與不受約束的消費擴張可能就要告一段落。

對此沒有人應覺得驚訝，因為世界各地的經濟消息近來一再預示風暴將臨。

人們的談話中出現了一個新的雙字詞——「次貸」（sub-prime），像一種瘟疫那樣散播著恐懼。兩年前，公眾多數從不曾聽過此詞。如今在千泉宮，它掛在所有人的嘴上。因為房貸違約及以房貸為擔保的資產價值急跌，金融機構已認列了數千億美元的損失，相關損失勢必還將大幅擴大。美國銀行業者剛交出1990年以來最糟的季度業績。美國、英國與德國的銀行業者為免破產，被迫接受政府的救援，因此喪失了自主權。好戲還在後頭。

延燒中的危機規模驚人。國際貨幣基金（IMF）發表歷來最悲觀的其中一份預測，直言2007年8月暴露出來的問題，如今看來正要演變成數十年來最嚴重的金融體系危機。

IMF預測，流動性緊絀將引發先進經濟體全面的信貸緊縮，美國經濟今年稍後將衰退，隨後僅將緩慢復甦。IMF稱，先進經濟體成長減弱將殃及大型的新興經濟體，尤其是亞洲與拉丁美洲。該組織的結論是，世界視為理所當然的高成長年代已成過去，至少暫時是這樣。

令人擔憂的，還有岌岌可危的消費者信心。人們普遍認為，數個先進經濟體的房屋市場陷入了嚴重衰退。美國、英國、澳洲、西班牙以至愛爾蘭，房價多年急漲，帶動人們信心滿滿地投資與消費後，如今實質房屋投資正在萎縮。美國商務部剛公布的數據顯示，賣不出去的新屋數量正處於四分之一個世紀以來的高位。

在此同時，人們日益恐懼通貨膨脹，因為油價正在飆漲。據估計，2008年原油日均消費量將增加120萬桶，至8,720萬桶的歷史新高。原油價格正屢創新高，徘徊在每桶120美元左右，但供給並未增加。美國方面，專家預計汽油零售價在夏季結束前將上揚至每加侖逾4美元；其中一位專家還預期，未來四年內將漲至每加侖7美元。更令人憂心的，是石油輸出國組織（OPEC）以外產油國（如俄羅斯、挪威與墨西哥）的供給顯然正陷於癱瘓。奈及利亞石油業工人罷工，使得世界石油產量減少1.7%。這一切將產生怎樣的結局呢？

但還有比這更可怕的事：糧價狂漲。聯合國糧食署警告，糧價一漲再漲，可能令世界各地1億人被迫餓肚子。分

析師預測,食物相對廉價的日子已結束了。米價一年內漲了將近兩倍,小麥與菜油的價格看來勢將穩步攀升。窮國已因糧食問題出現騷亂,亂局估計還將持續下去。即使是在富國,糧價上漲的效應也已經浮現出來。在英國,《泰晤士報》用了整個頭版報導食物價格的升勢:糧價上揚令英國民眾每週平均消費額較上年同期增加15%——雖然說不上要命,但已足以令任何一個地方的民眾感到不快。

在這個歐洲文明的山區角落,在這座華美精緻的人造建築裡,我們正感受到一場經濟地震的首波震動。目前還沒有人斷言城牆將傾覆,但是,也沒有人敢像不過是一年前那樣,滿懷信心地擔保城堡將永遠屹立不搖。

而且,受影響的不僅是金融界人士。全球金融體系受衝擊,最終將影響我們所有人,從美國的郊區家庭到中國的小企業,從希臘的船主到俄羅斯的權貴寡頭,無人能免。

我們內心深處,正因以下問題備受困擾:我們有如此精密巧妙的技術與體制可用,但如果世界經濟的基礎是如此脆弱不堪而非堅若磐石,我們辛苦勞動意義何在?就我們這些直接或間接在金融體系內工作的人而言,我們仰賴的一切怎麼會這麼快就變得搖搖欲墜?

* * *

米蘭。世界魅力之都。米蘭大教堂廣場。一樣的2008年春,一樣的四月。正午。整個城市的活力似乎都集中在

這裡,倫巴底的許多鴿子也來湊熱鬧。寬闊的廣場兩側是十九世紀的宮殿式建築。凱旋拱門之後,是朱塞佩・曼哥尼(Giuseppe Mengoni)設計的30米高購物長廊——艾曼紐二世拱廊(Galleria Vittorio Emanuele II):商業的聖地,Gucci、Prada、Louis Vuitton以及義大利其他時尚品牌的大本營。廣場中央矗立著艾曼紐二世騎在馬上的雕像,這位活力充沛的君主是義大利第一位國王。地下是建於四世紀的聖泰克拉教堂(Basilica di Santa Tecla)之地基,聖奧古斯丁一千六百年前受洗之處。當然是眾人目光的焦點、令人嘆為觀止的建築傑作——米蘭大教堂。這座教堂是如此宏偉,石頭與玻璃建成的哥德式花飾窗格巍然聳立於春日的陽光下,天堂一般的景像。

馬克・吐溫不愧是好記者,他這麼記錄自己對米蘭大教堂的第一印象:「好一個奇跡!如此壯麗,如此莊嚴,如此巨大!但又是如此精緻,如此輕巧,如此優雅!厚重堅實的建築,但又像是⋯⋯霜花的幻覺,瞬間就會消失。」

我提早數小時離開千泉宮,來到這裡,向世上最大、最美的其中一座教堂致敬。我馬上感受到兩地的懸殊差別。我出發的地方雖然因為經濟風暴雷聲隱隱而蒙上陰霾,但畢竟是一個奢華、安靜的所在。我到達的地方是義大利一個現代都市的心臟地帶,近400萬人住在中世紀街道網中,體現著十九世紀的信心與二十世紀的功能主義。這裡生氣勃勃、活潑鮮明,彰顯著躁動的特徵,但這城市的主要地標,卻是一

座超凡脫俗的建築；在它面前，眼下的經濟與金融騷動，有如飄在歷史浪潮上的鴻毛。

想想這座不朽建築的興建背景，一切顯得更了不起。十四世紀的最後數十年，公認是歐洲歷史上最黑暗、最動盪的時期之一。1386年，米蘭大主教安東尼奧·薩魯佐（Antonio da Saluzzo）開始興建大教堂，此時歐洲正經歷它最險惡的時期之一。小冰河期以及更恐怖的腺鼠疫，令十三世紀歐洲的知識與農業進步毀於一旦，饑荒、疾病與絕望籠罩整個歐洲大陸。在鄉間，走投無路的人成了四出搶掠的匪幫，瘋狂尋找食物與避難所。

十四世紀中葉，黑死病快速傳遍法國、西班牙與義大利，然後跨過海峽傳到英格蘭。部分地區的死亡率高達90%。第一波鼠疫於1347至1350年間席捲歐洲，隨後五十年間還再發生六波疫情。至1400年，多數估計認為，歐洲人口至少萎縮三分之一。人的生命，很少如此貼近霍布斯著名的形容：「孤獨、貧困、齷齪、粗暴，短促。」

在此之外，還有其他麻煩。因百年戰爭（Hundred Years' War）之故，法國大部分地區在1453年之前長期動盪；歐洲大陸唯一能凝聚社會的力量──羅馬天主教會腐敗叢生；羅馬與亞維農（Avignon）曾出現敵對的教皇；反猶太主義盛行；歇斯底里的暴力獵巫行動不時爆發，據稱是為了根治種種社會疾苦。在如此動盪不安的情況下，發宏願興建像米蘭大教堂這種建築，是何等的不同凡響。

受歷史風暴襲擊的,並非只有工程的開端。大教堂1965年才正式完工,距離破土動工共579年之久。在此期間,米蘭經歷了種種動亂與災劫,嚴重程度不比世界任何其他地區低,而大教堂的裝飾與整修則持續進行。米蘭昌盛有賴它位於歐洲其中一個最富庶肥沃地區之戰略意義、義大利貫通阿爾卑斯山之北部門戶地位,以及迅速增加的藝術寶藏,正是這些因素令米蘭成為許多侵略者的目標。儘管入侵者在倫巴底平原激戰,新統治者在皇室與宗教的殿堂輪轉,米蘭大教堂一直屹立不搖。

這並非宗教力量在人類歷史風暴中獲勝的簡單事例。這座教堂一直是多種動機結合的產物,人類對上帝與財富的渴望(以及人類強烈的權力慾)緊密糾纏,這是我們向來知道的事。沒錯,興建大教堂是為了榮耀上帝、教化信眾,但也是為了幫助米蘭及其統治家族在政治上支配周邊的王朝。

在米蘭與周邊城市貝加莫(Bergamo)、諾瓦拉(Novara)、克里蒙納(Cremona)、科木(Como)與洛迪(Lodi)無休止的爭鬥中,大教堂成了一個日益重要的標誌。米蘭的地區霸權最終牢不可破,但歐洲更大範圍的爭鬥吞沒了這座城市。十六世紀初,義大利北部成了西班牙與法國的戰場。1535年,倫巴底淪為西班牙的殖民地。此後170年裡,米蘭成了一個偏遠省份備受忽視的首府。

十八世紀初,奧地利哈布斯堡王朝(Habsburg Empire)控制了這地區,徹底革新了米蘭的經濟、文化與行政結構。

第一章 ▶▶ 我的起點裡有我的終點

1796年5月,拿破崙成功入侵,但他還沒過世,1814-15年的維也納會議已將倫巴底歸還給奧地利人。米蘭人不斷反抗奧地利統治者,但直至1859年,他們才成功推翻奧地利人的統治,成為皮德蒙王國(Kingdom of Piedmont)的一部分。兩年後,皮德蒙王國演變成義大利王國。1919年,法西斯黨成立於米蘭。三年後,墨索里尼糾集黨徒,從米蘭出發,向羅馬進軍。1945年4月29日,墨索里尼、其情婦及十五名法西斯高層的屍體,倒吊在米蘭洛雷托廣場(Piazzale Loreto)的埃索加油站。二戰後期,英美的轟炸機猛烈攻擊米蘭,造成頗大破壞,但大教堂及其無價的藏品幾乎毫髮無損。今天,它屹立原地,仍是一個標誌,但……標誌著什麼呢?

　　從廣場對面望過去,大教堂有如石頭森林,每一根柱子都生出尖頂,外牆上擠著逾3,500個雕像,屋頂滿是尖頂與滴水嘴。西側主入口的門上有許多大理石淺浮雕,鳥、蟲、水果與動物無不栩栩如生。

　　走進教堂,馬上就感受到冷靜、平和的氣氛。四處皆是深厚的陰影,尖頂之下的中心處是陰影最深的地方,陰暗中懸吊著一個巨大的十字架。絢麗飄逸的光線,一束束穿過黑暗。目光穿過陰影,停留在一根根圓柱上,飽覽精巧的石雕後,攀上高闊的屋頂,最後總是無可避免地轉向光亮處,轉向東邊盡頭處巨大的彩色玻璃窗。這些玻璃窗時常需要整修,但基本上保留了十四世紀的原始設計,而且大部分玻璃

還是最初的那些。

米蘭春天的明媚陽光穿過玻璃窗，照進教堂內部永恆的昏暗，此時我們的目光被玻璃窗圖案中央的太陽圖像吸引住了。這是一個非常模糊的圖像，象徵上帝真理之光的永恆理想，同時也代表維斯康堤（Visconti）家族非常世俗的力量。這家族出資贊助這些玻璃窗，而其家族標誌正是太陽。

像米蘭大教堂如此公然彰顯政治力量，世上再也找不到第二間。但它代表的神祕方向也是無庸置疑的：向內是深處的黑暗，向外是最明亮的光。

* * *

1968年，牛津。我唸政治、哲學與經濟（PPE）三年課程的第二年，這一年我們不需要為考試煩惱，沒有測驗也沒有期末考。這一年，奧斯華·史賓格勒（Oswald Spengler）預言的西方之沒落，似乎真的開始了。這一年，羅伯·甘迺迪遇刺（他曾引用蕭伯納的名言：「有些人盯著事物的現狀，然後問為什麼會這樣。我則幻想事物從不曾出現的樣子，然後問為什麼不是這樣。」）。這一年，馬丁路德金恩也遇刺了（「我有一個夢想……」）。這一年發生了布拉格之春運動，然後俄羅斯人於八月入侵捷克。這也是越戰備受矚目的一年：一個接一個的週末，巴士載著學生到倫敦，在位於格羅夫納廣場（Grosvenor Square）的美國大使館前示威。在此之外，籠罩一切的還有威脅要「相互保證毀滅」的

冷戰。這一年中,夢想與希望似乎一個接一個地幻滅,某種末世災劫好像就要降臨。

從當前的科木湖與米蘭,回想四十年前在牛津尖塔下唸PPE的日子,我覺得那時候一切是如此的簡單。這不僅僅是因為我多了四十年的歷史見識,甚至也不能說是因為當時年輕,所以一切看來皆有可能。在那年代,大議題真的有截然對立的兩造觀點,意見深刻分歧,一切看似黑白分明,不是振奮人心就是令人深惡痛絕。沒有什麼是無關緊要的。

今天,這種熱情似乎已消失殆盡。我們見識了1989年發生的事。如今大家普遍認為古老的左右派分歧已日益淡化,即將由不受意識形態影響的灰色中間地帶取代。2007年春,《展望》(*Prospect*)月刊就以下問題做了一個專題:二十世紀是左右派相爭的世紀,主導二十一世紀面貌的又會是什麼?該雜誌要求數名評論人做預測,沒有人就此問題的隱含前提提出異議。作家拜雅特(A. S. Byatt)預測會是一種共識民粹主義(consensus populism),政策由民眾投票／民意調查與焦點小組主導。影評人馬克・庫辛思(Mark Cousins)所見略同,預期所有政治決策將取決於網路上每天、每週的全民投票。作家與媒體人威爾・赫頓(Will Hutton)則預測自由主義者與基本教義者之間的分歧,將主導新世紀的局面。在所有受訪者眼中,政治與思想的前景是灰色的,又或者是多種顏色的,但無論如何將不再是非黑即白的。整體而言,這些評論人的看法是悲觀的,幾乎沒有

人認為世界將變得更好。借用艾略特在〈三王來朝〉(The Journey of the Magi)中的話，那就是：許多人已「無法安歇⋯⋯在舊教規下」。

在廣闊的世界舞台上，反差就更強烈了。1960年代正值冷戰高峰期。美國眾議院1963年1月10日的正式國會紀錄中，有一份名為〈共產主義者當前的目標〉的文件，目的是就共產主義的威脅警告美國人民。該文件的內容如今看來是愚蠢的誇大其辭，但當時人們想必真的恐懼這一切。根據該文件，共產主義者的目標包括推翻世界各地所有殖民地政府，破壞家庭做為一種社會制度的聲譽，鼓勵輕易離婚與濫交，滲透大企業與工會，廢掉聯邦調查局（FBI），貶抑一切美國文化，貶低美國歷史教育。這是國際間首次簽訂《禁止核試條約》的年代，也是點算飛彈彈頭、監控飛彈部署的年代之開端。那時候，你成長時期就知道，世界大戰若再度爆發，大量核彈將對著你的居住地射來，肯定能快速毀滅這地方。學生對彼得·波特（Peter Porter）那著名的富詩意的兩分鐘警告之開頭都很熟悉：

請注意
極地遠程預警系統剛剛發出警報
敵人已對我們的主要城市
直接發動核彈攻擊
威力至少達1,000百萬噸

第一章 ▶▶ 我的起點裡有我的終點

此後很長一段時間裡,世界可視為東西方兩極對立的世界,但隨著1989年發生的劇變、蘇聯帝國的解體,美國以單一超級強權的姿態(短暫)主導世界,如今世界的地緣政治局面已遠比以往複雜。

既有的格局與結構正在演變,結果如何還不得而知。不過,大致的輪廓或許已逐漸浮現。全球經濟產出超過一半的漲幅,如今源自開發中經濟體。權力與影響力的中心,不再僅限於美國、歐盟與日本,還將包括中國、印度、俄羅斯、巴西與中東。隨著金錢與思想在各國之間流通的方向日益多樣,貿易、文化與地緣政治關係將遠比以往錯綜複雜。

商業方面也不例外,以往的模式遠比現在簡單。1960年代,芝加哥大學經濟學家傅利曼(Milton Friedman)出版《美國貨幣史,1867–1960》(*A Monetary History of the United States, 1867–1960*)。這本書將大蕭條的責任主要歸咎於美國聯邦準備理事會,世人為之震動。當時人們較少評論的,是傅利曼有關企業責任的強硬觀點。他是純利潤動機論的倡導者:「企業唯一的社會責任,是利用自身資源,從事旨在增加自身盈利的活動,唯一的前提是它得遵守遊戲規則,也就是說,與其他企業公開、自由地競爭,不行騙、不欺詐。」(《資本主義與自由》〔*Capitalism and Freedom*〕,1962年)。

如今企業必須效忠的對象與肩負的責任非常複雜,必須持續面對來自各方的壓力,不僅是股東,還有政府、媒體、特殊利益集團、監管機關與訴訟律師。傅利曼的觀點,

如今會被視為危險的過度簡化。今天企業必須考慮的利益與需求，遠比以往廣泛、微妙。企業考量價值時，不僅得照顧投資人的觀點，還得顧及顧客、雇員、供應商與社區的看法，並且日益重視環境問題。或許曾有一段時間，企業領袖無論涉足什麼領域均能呼風喚雨，勢力不受約束，如柯立芝（Calvin Coolidge）[3]所言：「美國的事務就是商務」（the business of America is business）。但是，今天企業身處的舞台遠比以往擁擠，劇本也遠比以往複雜。

*　*　*

　　當許多理所當然的事變得不再理所當然時，人的心理會深受影響。心理學家維克多·法蘭克（Viktor Frankl）在他的著作《活出意義來》（*Man's Search for Meaning*）中，對他在納粹集中營三年的經歷有動人的描述。他隨後以人類尋找意義的意志為基礎，建立了一個精神治療學派。法蘭克認為，現代人的許多焦慮源自「雙重喪失」：首先，人類老早就克服了原始的動物本能。在此之前，按本能行事讓我們完全不必選擇，我們因此獲得十足的心理安全感。第二重喪失是較近代的事：許多社會傳統迅速消失，我們面對人生重大抉擇時，無法再像以往那樣，以傳統支持自己的行為與選擇。

---

[3] 譯註：美國第三十任總統，1923至1929年在任。

這種確定感的喪失,近五十年來尤其嚴重。法蘭克認為,這無可避免導致兩種補償性的精神官能症:追求權力的意志(對金錢的貪慾不過是這種權力意志的一種體現),以及尋歡作樂的意志(許多人因此沉迷性愛,性慾失控)。在現代生活中,這兩種精神官能症均顯而易見。當然,兩者皆非新鮮事,但它們造成了一種普遍的焦慮不安:在已開發國家,多數人已超越為基本生存條件每日奮鬥的層次,但許多人因一種飄泊無依的感覺而深受困擾。二戰結束以來,人們普遍覺得臨床憂鬱症個案增加了,不管這有多難證實,這可說是社會彌漫上述焦慮感的證據。較富裕的國家進入二十世紀時,社會普遍對一種虛幻的黃金時代,抱持契訶夫式的渴望(這種希望是注定要破滅的)。但社會很快就知道進步意味著什麼,儘管人們因此備感不適:在契訶夫劇作《櫻桃園》(*The Cherry Orchard*)中,自以為是的商人羅巴金(Lopakhin)彰顯了新營利主義與都市化的本質,斧頭砍櫻桃樹的聲音則是進步之聲。

　　二十世紀下半葉出現了一種更不祥的基調,這是由歐威爾(Orwell)、卡夫卡與貝克特定下的。在貝克特最著名的劇作《等待果陀》(*Waiting for Godot*)中,主角之一的弗拉季米爾(Vladimir)如此表達人類在二十世紀的迷惘:「我們在這裡做什麼?這是問題所在。就此而言我們很幸運,因為我們碰巧知道答案。沒錯,在這巨大的困惑中,有一件事是很清楚的。我們正在等待果陀的到來。」但果陀一直沒

來。

　　二十一世紀的焦慮象徵將是什麼呢？我們得拭目以待。但許多原本的已開發國家，以及許多掙脫了共產主義／極權主義牢籠的國家，如今顯然陷於進退兩難的窘境。這些社會的櫻桃園已經消失，進步已到來。但進步並未滿足人們尋找意義的意願，而人們已完全失去果陀可能來臨的意識。

＊　＊　＊

　　印度加爾各答。達爾豪西廣場（Dalhousie Square）。1988年一個漆黑的夜晚。氣溫攝氏33度，濕度85%。提姆下班後出席了一個酒會，正回到他停在街邊的汽車。提姆中學唸公學（public school）[4]，如今事業發展不負人們的期望。完成學業後，他進入倫敦金融圈工作，如今是一家國際銀行的分行經理，派駐印度是公司幫助他發展事業的其中一步。在這裡，他薪酬豐厚，住一間很大的房子，有一名廚師替他服務，還有一輛漂亮的汽車。今天，提姆的車子引來了一小群小孩。他們是加爾各答的街童，數以萬計像他們這樣的兒童，在西孟加拉邦這個擁擠的首府掙扎求生存。

　　提姆走近車子時，孩子們開始抗議。為什麼他要把車停在黑暗的街邊呢？難道他不知道，萬一車子發生什麼事而他又報警，警察會怪罪他們？他將汽車這樣子丟在街邊，他們

---

[4] 譯註：英國一種學費高昂的自費中學，學生通常寄宿，被視為貴族學校。

可就得冒被警察逮捕的風險,或者至少可能會被打一頓。

提姆停下腳步,蹲下來跟孩子們講話。絕大多數西方人,事實上,可以說是在這個英國殖民統治印度時的首府工作、居住的絕大多成年人,都不會像提姆這麼做。提姆跟這些孩子說,只要他們能幫他看管車子,未來這輛車子的上下裡外,都可以讓他們睡覺。孩子們很難相信自己運氣這麼好。看著這名奇特的英國人開車離去時,他們心想:他會說到做到嗎?

他做到了,而且還不止如此。後來,其中一名小孩病得很厲害,提姆帶他去看醫生,這醫生是銀行的客戶。這名小孩需要一個地方養病,提姆就帶他回家。慢慢地,其他小孩也住了進來。不久之後,三十名街童擠滿了提姆的家。銀行發現這名年輕的分行經理,花更多心思照顧街童而非銀行業務,於是將他召回香港的總部。但每個週末,提姆會飛回加爾各答,照顧這些小孩。不久之後,他就辭職,創辦了「未來希望」(Future Hope)這個慈善組織。

此後二十年中,他不辭辛勞,堅持不懈,經歷了許多成功與失敗:看著一些孩子長大成人,成就超乎他們的想像,看著一些孩子上大學,看著一些孩子跑掉,有時還會看到小孩離世。如今,「未來希望」照顧著超過兩百名兒童(該組織的具體事跡,可參考 www.futurehope.net)。提姆結了婚,生了三名孩子。他和太太 Erica 視街童為大家庭的成員,他們的生活往往混亂、充滿意外與失望,但同時也無比充實、

美好價值

有意義。

* * *

肯亞奈洛比，Kayole區，聖奧迪普孤兒院（St Otiep's Orphanage）。2007年5月。這可不是旅遊書會介紹的地方：肯亞黑道群眾幫（Mungiki）的大本營，奈洛比最惡名昭彰的貧民窟之一。年輕的澳洲見習會計師詹姆斯站在這裡，臉色蒼白，在飛揚的塵土中眨著眼睛。

路邊是一堆堆燃燒中的垃圾，野狗在街上遊盪，根本沒有什麼衛生可言，也幾乎沒有電力供應。孤兒院有七個房間，收容二十名兒童。這裡有三間教室、兩名教師、幾本內容已過時的老課本，地上挖一個洞當廁所，洗澡工具是一個水桶，廚房是一個廚櫃，兩間臥室各有一張床。在男孩睡的那間，每天晚上四人擠在一張床墊上，八人睡在水泥地上。女孩的那間格局相同，差別只在於管理員也擠在床上。

詹姆斯向他服務的會計師事務所請了四個月的假，打算和一名朋友到世界各地見識見識。他們計畫先到非洲做義工，然後前往喜馬拉雅山區健行，再到西歐旅行。網路上一次偶然的聊天，讓他們從雪梨飛到奈洛比，再搭一程巴士來到聖奧迪普孤兒院。幾天之後，他們決定取消餘下行程，用原本打算在歐洲喝酒的錢，替孤兒院添置了床、課本、煮食工具，並為孩子們買了衣服。

到了9月，詹姆斯必須回到澳洲繼續受訓。離開前，他

第一章 ▶▶ 我的起點裡有我的終點

告訴孤兒院的女舍監與兩名老師,他將繼續支持他們,未來十二個月中會想出一個長期支持孤兒院的方案。回到澳洲不久,他收到肯亞當地一名朋友寄來的電子郵件:「詹姆斯,四天前,院長將孩子們趕到Kayole街上,換了門鎖就走掉了。老師們連取回自己東西的機會都沒有。他什麼都賣掉了,甚至連課本都不放過⋯⋯聖奧迪普完蛋了。」

在一名朋友幫助下,詹姆斯透過電話與電子郵件,安排了一輛巴士,將大部分孤兒接到離奈洛比一小時車程的小鄉村Mang'u。他們以每月60美元的租金,租下一間小房子,取名Familia Moja兒童中心。(在斯華西里語中,Familia Moja是「同一家庭」之意。)翌年3月,他跟會計師事務所請了長假,跟他女朋友Heidi回到肯亞,決心找回那八名沒搭上巴士的聖奧迪普孤兒。他們找到了其中六名,將他們帶到了新孤兒院。詹姆斯努力不懈,為這孤兒院籌集資金,尋求支持。(他在澳洲成立了慈善組織Kick Start Kids International,支持Familia Moja的運作。)該孤兒院如今照顧二十四名兒童,有一名全職社工、女舍監與副舍監,以及一名經理人照顧他們;每天有三餐,課後有特別輔導,有自己的床,乾淨的食水,以及鞋子。

* * *

細想這些卓越又平凡的人的故事,我覺得很為難。我想,大家一定跟我有同感。如果他們對自己的優先要務,對

自己為世界盡力的責任是如此確定；如果他們有勇氣放棄安全、舒適的環境，冒那樣的風險；如果他們能帶著自己伴侶與小孩，用自己的假期、甚至是自己的一生，去照顧世上一些最受忽視、傷害、剝削的小孩，為什麼其他人不能這麼做呢？為什麼我不能這麼做呢？

是我們都太厭惡風險嗎？是我們對自己在世上的責任欠缺道德信念嗎？我們固守自己熟悉的世界，享受相對富足的生活，我們是否應對此感到羞愧呢？

或許我們對眼前可得的愉悅太滿足、太安心，因此決定閉起自己的良心，換取一輛好車、一棟獨立洋房，以及富異國情調但沒有風險的假期。或許我們已做了某種浮士德式的交易。如果我們循此思路想下去，我們感到四面八方充滿著考驗，便是可得理解的事。我們眼前是千泉宮的考驗：有史以來創富能力最強、最精密的經濟體系，到頭來是如此危險脆弱。我們背後是米蘭大教堂的考驗：即使在一片混亂與骯髒之中，在極不單純的多種動機驅使下，人類還是能建成不朽的傑作，見證存在之神祕。一邊是現代性的考驗：過去的確定感與支援體系已全不管用，取而代之的是一個看似無限混亂、複雜的世界，我們因此感到漂泊無依。另一邊是個人選擇的考驗：只要你夠勇敢，你可以放棄安全的環境，親自去幫助貧窮與遭忽視的人。在我們耳邊輕聲響起的，則可能是以下問題：我們渺小的生命與努力，到頭來能成就任何意義嗎？

第一章 ▶▶ 我的起點裡有我的終點

我們的所作所為，所為何事？如果我留心聽，這問題不絕於耳。但我們卻找不到令人滿意的答案。簡單且富終極意味的答案是無法令人滿意的，因為我們最終會發現，這種答案欠缺說服力。我們或許可以對此問題有一個回應，一個我相信最終非常有益的回應。

我們必須先接受一些東西，一些基本事實，否則真正的回應也就無從說起。這些事實令人困惑，但忽略它們的話，本書餘下內容是完全講不通的。且稱之為三種模糊性（three ambiguities）。我認為它們深植於我們的經驗之中，我們必須學會接受它們、與之共處，才能找到真正的和諧。

* * *

第一種模糊性藏在不完美的本質之中。問題在於我們是理想型生物（idealistic beings），本能驅使我們去創造概念與物體，去做一些非常純淨、美好的事。我們深受這些概念、物體與行為吸引。我們一旦涉入其中，卻似乎總是發現它們是有缺點的──本就如此，又或者變成如此。我們參與其中的一切，似乎總有一種不理想、不完美的傾向。事實上，這種不完美有時會以非常險惡的形式出現，這一點我們隨後會講到。大教堂內部的陰暗，便是這種險惡不完美的暗示。不完美是我們根深柢固的一部分，而我們也是它的一部分。我們無法逃脫它。

第二種模糊性藏在人類進步終點的本質之中。維多利亞

35

時代不斷前進向上的進步觀念已退潮，如今我們對自己正往何處去，遠不如以往那麼確定。結局將會怎樣？你可以提出樂觀與悲觀兩套說法，而且兩者的說服力相差無幾。因此，結局如何的確並不明朗。氣候變遷令這問題更受矚目，情況就像上世紀中葉的核武競賽那樣（差別在於氣候變遷問題像一條慢慢燃燒中的保險絲，而核子大災難的威脅則有獨特的迫切性）。在我們生活改善，醫療、教育與娛樂的標準日益提升之際，我們還是不能忘記：對我們孫子那一輩而言，世界可能沒有現在這麼好。我們追求理想境界，期望人類的奮鬥有一天終能大功告成，自此之後人類在可持續的地球上穩定、舒適、和平地共存，人人內心平靜、和睦共處，這境界真有可能達致嗎？抑或我們將走向另一種結局：水深火熱、疾病流行，人類之間出現規模空前的衝突？

第三種模糊性藏在希望的本質之中。我相信這是三者中最重要的，是人類存在的核心模糊性。它是這樣的：我們知道罪惡遍布世界，但我們仍相信世界可能變得更好——我們持續這麼希望，儘管現實往往不如我們所願。引用詩人（及神父）霍普金斯（Gerard Manley Hopkins）痛苦的話，我們基本上是「不選擇毀滅」（not choose not to be）。

即使是在人類歷史或我們自身生命的最黑暗時刻，我們似乎仍一再有機會斷言希望不滅（儘管這在當時可能是沒有根據的）。我們或許完全不知道有什麼理由相信希望不滅。一片黑暗之中，為什麼我們還會相信希望呢？我講的可不是

第一章 ▶▶ 我的起點裡有我的終點

無知的希望。在罪惡之中,我們能找到的希望,並不是那種相信生活會改善或進步必然發生的物質型希望;罪惡之中的希望,跟我們所知道的、遍布人類生活的罪惡,同樣的奇特。它能有意義地回應「何苦呢」(why bother)這問題嗎?

* * *

春天的薩默塞特郡(Somerset)東科克村(East Coker),一個人口不到兩千的鄉村,是艾略特詩作《四首四重奏》(Four Quartets)第二首(最好的一首?)的背景。艾略特的骨灰安放於村裡的聖麥可(St Michael's)教堂。1660年詩人的祖先從這裡移民到麻薩諸塞的波士頓。

這是風光如畫的英國鄉村。教堂建於十二世紀,唯一的大宅——科克第(Coker Court)是建於十五世紀的莊園宅第,如今分成了幾個住家。蜜色的石頭白天曬著陽光,黃昏時散發出溫熱的光芒,感覺像是裝在琥珀裡的英格蘭,雖然它不過是位於擴張中的熙攘小城約維爾(Yeovil)邊陲的一座大宅。

教堂裡置放艾略特骨灰的地方豎著一個簡單的牌匾,上面寫著詩人自選的墓誌銘,是他的詩作〈東科克〉(East Coker)開頭與結尾的兩句:

我的起點裡有我的終點。
我的終點裡有我的起點。

37

艾略特這首偉大詩作所思索的，正是「起點」與「終點」。對艾略特來說，起點並非僅是物質或地理上的起源——雖然這兩者也是起點，而且還非常重要。起點，也是我們靠信念與意志出發之處。至於終點，則並非僅是故事結束的地方，還包括旅程的目的，我們踏上旅程的原因，以及我們一路上的發現。

　　因此，艾略特思索的奧祕，是終點如何總是植於起點中。孩子一旦出生，未來就注定會有一次死亡。不過，艾略特在詩中思索的，並不限於物質的終點植於物質的起點中。就另一意義而言，我們若想過完整的生活，就必須接受我們的終點在自己的起點裡，也就是說我們會在我們的根源裡找到自己的意義；此外也必須接受我們的起點在自己的終點裡，也就是說我們會在我們的意義裡找到自己的根源。我們的生活往往像是完全偶然的連串活動，活動之間幾乎沒有什麼關聯。做為人，我們很大一部分的追求，是探索我們可以接受什麼做為我們最深刻意義上的「家」，因為這將是我們發現自己真正的精神意義之處。

　　分隔（compartmentalisation）是將生活劃分成不同領域，各有不同目的，受不同規則約束——是人類的一種惡習。我們都想呈現自己的許多個版本，讓不同的人看見自己不同的面貌（甚至對自己也是這樣——不同的心情、不同的時候，看見不同的自己）。「世上沒有一種技術，能從一

第一章 ▶▶ 我的起點裡有我的終點

個人的臉上看出他的內心」[5]——但我們其實連自己的內心也不完全了解。從邪惡者到淺薄無聊的人，我們都受分隔的誘惑。從能整段背誦歌德劇作《浮士德》的集中營指揮官，到辦公室政客與居家男人，以至任何曾戴上面具、對伴侶不忠、不擇手段追求某些東西、或出賣自己靈魂的人：某程度上，我們全都犯了分隔的罪惡。

分隔是我們逃避模糊性的手段，讓我們得以簡化我們在不同生活領域的規則。因此，如果我們不夠審慎，就能藉由分隔來逃避道德與精神問題。我們的分隔習性最明顯、最常見的表現之一，就是視職場生活為中性領域，可以不必考慮價值問題（股東價值除外）、正當問題（合法就可以了）或智慧問題（除非是有實用價值）。但在此之外，我們還有許多分隔我們生活的方式。工作、家庭、朋友、社會——這些是我們不同的生活領域（雖然它們往往部分重疊），我們很輕易地以無數不同方式遵守這些領域的不同規則。這些不同的生活領域也跟自我的內在領域重疊（但沒有完全重疊的例子）：內在的自我以哪一顆星為航行嚮導呢？偏離航道時，它會知道嗎？分隔幫助我們規避這種問題。

但是，說到底，如果我們想探索自我，就不能限制探索的領域。而如果我們想發現或重新發現自己的起點與終點，我們就必須探索。探索的目標很明確，那就是回答以下問

---

[5] 譯註：莎劇《麥克白》第一幕第四場的對白。

題（既是個人問題，也是集體問題）：我的所作所為，所為何事？我們的所作所為，所為何事？回答這問題的獎勵也是很明確的，如艾略特在〈小吉丁〉(《四首四重奏》的最後一首)中所言：

> 我們將不停探索
> 而我們一切探索的終點
> 將是回到我們程啟之處
> 並且第一次認識這地方

第二章

世界是我的牡蠣

福斯塔夫：我一分錢也不借給你……

畢斯托爾：那麼，世界是我的牡蠣，我要用劍將它剖開。

——莎士比亞，《溫莎的風流婦人》，1602年

若想徹底實現自我，我們就得朝與其他人會合的方向前進，走向「他者」。我們自我的巔峰，我們創意的極致，並不是我們的個體性，而是我們這個人；而且，根據世界的演化結構，我們要找到自己，只能靠聯結他人。沒有綜合，就沒有心智。

——德日進，《人的現象》，1955年

新出現的電子相互依賴關係，以地球村的形象重新塑造世界。

——馬修・麥克魯漢，《古騰堡星系》，1962年

我們對全球化已太習以為常。事實上，在分析師與歷史學家仍在嘗試解釋這現象之際，全球化在公眾心中已成了陳腔濫調。它是新現象，還是舊事物——或許跟人這個物種一樣古老？它是某些自命全球精英的人有意的設計？抑或一個已失去控制的科學怪人？它是文化的雜交，還是全球的弱智化？它是增進了解與尊重，還是製造更多緊張與衝突？最重要的是，它是一種進步嗎？我們應該阻止它嗎？我們有這樣的能力嗎？

公元第三個千年開始時，人們普遍對日益全球化的世界充滿信心。2005年，《世界是平的：二十一世紀全球化世界簡史》(*The World Is Flat – A Brief History of the Globalized World in the Twenty-first Century*) 這本書面世，充分迎合新世紀的氣氛。這是三度榮獲普立茲獎的《紐約時報》專欄作家湯馬斯・佛里曼（Thomas Friedman）的作品，甫出版即洛陽紙貴，兩年內銷量逾兩百萬本。佛里曼是國際政治與經濟事務專家，藉此書歌頌自由市場資本體制戰勝國家控制的共產主義經濟模式。他的基本論點是：當代先進技術突飛猛進，將全球的知識與資源連結起來，我們可能因此全都成了彼此平等的競爭者。

這本書是新聞工作者的傑作，核心內容是改變了世界的十輛「推土機」(flattener)，它們包括重大事件，如1989年11月9日柏林圍牆倒下；技術創新，如1995年第一個網路瀏覽器問世；以及1990年代迅速發展的新趨勢，如開放原

始碼、外包、內包與供應鏈管理。書中提到促使世界趨平的三大因素：一個真正由網路促成的全球競技場已經出現，國際商業合作取得重大進展，來自中國、印度、俄羅斯、東歐與中亞的30億人忽然加入市場競爭。佛里曼聲稱，在這些因素大力驅動下，上述推土機已將世界帶到一個「引爆點」（tipping point），隨後的改變將愈來愈快，而且是不可逆轉的。

佛里曼在此基礎上建構他的論點。他審視各國在「平坦」的世界裡，適應與發展能力的差異，認為思想觀念與最佳做法得以在全球傳播，關鍵因素之一是一地的文化吸收外來觀念與影響的能力。他表示，文化的吸收能力越強，在平坦的世界裡越具優勢。他指出，高吸收能力的文化例子，有印度、美國、日本以及近年的中國，他還舉一些穆斯林國家如土耳其、印尼與馬來西亞為例。相反的例子則是多數阿拉伯社會，他指這些國家迄今很難受益於平坦世界的好處。佛里曼暗示，隨著力量分散、特殊性愈來愈難維持，每個地方的經濟人（homo economicus）正變得愈來愈相似。

而且不止是相似而已。佛里曼引發最廣泛討論的一個論點，是平坦世界裡各國更能和平相處。他以「戴爾衝突防制理論」（Dell Theory of Conflict Prevention）概括此說法。這理論冠上「戴爾」之名，是出於偶然：佛里曼撰寫此書時，用的是一台戴爾電腦。他知道這台機器由許多零組件組成，如果不是廣泛應用外包製造方式，根本不可能賣那麼便宜。

這促使他希望查明這台電腦的來源。佛里曼熱切希望以此更新他的「麥當勞衝突防制理論」(Golden Arches Theory of Conflict Prevention)。該理論是這麼說的：一國經濟發展到某一程度，中產階級大到足以支持一個麥當勞分店網絡時，它就成了一個麥當勞國家，而麥當勞國家的公民是再也不願打仗的。（他們寧可排隊買漢堡。）戴爾衝突防制理論更進一步，聲稱全球供應鏈的出現，對地緣侵略行為有更強的抑制作用。這理論聲稱：

> 兩個國家只要同為某個大型全球供應鏈（如戴爾的供應鏈）的成員，彼此間就不會爆發戰爭，因為身處同一個大型全球供應鏈的人，再也不想打舊式的戰爭。他們希望及時供應市場需要的商品與服務，享受因此日益提升的生活水準。

佛里曼的說法與時代氛圍非常契合。跨國企業能幫助我們實現世界和平，這主意實在太妙了，教人很難拒絕相信。

但是，在二十一世紀第一個十年走到尾聲之際，全球經濟已進入嚴峻的動盪期，我們老了一些、也明智了一些，不再像以往那麼傾向認為世界是「平」的，也不再那麼容易認為機會無限、遍及全球。

首先，如今我們已清楚看到，那些令佛里曼興奮不已的競爭與創富機會，主要仍掌握在受過良好教育的少數都市菁英手上。維吉尼亞州喬治梅森大學公共政策教授理查·佛羅

里達（Richard Florida）已頗為詳細說明，無論以什麼標準衡量，國際經濟面貌遠遠稱不上是「平」的。從經濟生產的角度觀之，有創新能力的城市相當少，而在這些城市之間是「廣闊的山谷」（vast valleys）：這些地方跟全球經濟幾乎沒有什麼聯繫，短期內也沒有什麼機會從中獲益。按此方式畫出來的世界地圖，上面會有許多「刺」，一點也不平坦。佛羅里達認為，創造力領先的城市區域目前還不到十個，它們是倫敦、紐約、巴黎、東京、香港、新加坡、芝加哥、洛杉磯與舊金山。這些充滿經濟創造力的地區彼此緊密相連，但跟世界其他地區則只有薄弱的聯繫。雖然一些其他城市料將陸續加入此一網絡（例如上海顯然正成為一個世界城市），但這網絡仍僅佔全球經濟活動與人際交流的一小部分。在可見的未來，這些城市在創造力上的絕對優勢（以任何標準衡量皆不例外）是不太可能減弱的。世界肯定不是「平」的。

第二，佛里曼高估了人們在孤立狀態下的創新能力。如今已有許多有關創新的研究證明，創新者之間的互動與彼此接近，對創新的效率至關緊要。尤其值得注意的是，榮獲諾貝爾獎的經濟學家羅伯·盧卡斯（Robert Lucas）已證明，當人們分散在家裡與工作場所時，各種構想很難自由流通，也很難發展成熟。

第三，諸如世界價值觀調查（World Values Survey）等研究，如今已累積了足夠證據，顯示在二十世紀的最後二十年中，多樣性其實並沒有如佛里曼所說的衰減，而人們的忠

誠也沒有變得更加全球化。相反,事實似乎是:一個經濟體經歷工業化初期階段時,文化價值觀的確趨向同質化,這是因為社會彌漫物質主義思想,強調不惜代價促進經濟成長。但國家一旦進入「後工業」時代(指多數勞工受雇於服務業;在美國這發生於1956年),人們的關注重點,會迅速轉移至生活品質、自我表現,以及環保等議題。在此同時,文化多樣性與地區忠誠往往會復甦,有時人們的多樣性意識甚至空前高漲。

第四,「戴爾理論」承載不了佛里曼賦予它的重大意義。許多論者已指出,這理論違背歷史證據。第一次世界大戰爆發前,美國企業在德國有重大投資。同樣的,在兩次大戰之間,大量銀行與律師事務所專門致力於為美國資本爭取開放德國市場,但這一切均阻止不了二戰爆發。此外,我們也不能忘了商業全球化的潛在黑暗面。恐怖組織大可利用全球經濟體制搞破壞,而不是為了賺錢。在網路世界,散播恐怖與擴大犯罪也容易許多。

事實上,有關貿易與投資能防止衝突的說法一點也不新鮮,細察之下會發現,我們大有理由懷疑事實是否如此。經濟學家卡爾・博蘭尼(Karl Polanyi)是深入研究此議題的人之一。博蘭尼1944年出版《鉅變:當代政治、經濟的起源》(*The Great Transformation*)——人們會記得他,主要正是因為這本書。在該書中,他集中研究「百年和平時期」的

第二章 ▶▶ 世界是我的牡蠣

終結;這是指滑鐵盧戰役[1]之後的一個世紀,在此期間,工業革命相繼席捲歐洲、美國與日本。在十九世紀的最後數十年,世界貿易以及歐洲對亞洲與新大陸的投資空前成長。人們普遍相信進步勢不可擋,全球化已產生許多既得利益集團,戰爭因此不再是理性行為。當然,事實是當時歐洲的勢力均衡處於危險狀態(在日本的經濟與軍事實力提升,對鄰近地區變得更野心勃勃後,亞洲局勢同樣危險),帝國地位之競逐愈來愈富侵略性。儘管如此,當時人們普遍相信進步以及國際市場的力量能維護世界和平。

今天我們很難想像當時人們對和平的信心。如果我們經歷過二十世紀的第一個十年,閱讀1913年《紐約時報》的一篇報導時,大有可能不會覺得有任何不可信或諷刺之處。這篇報導的標題滿懷信心地宣告:「誠邀所有國家參加和平派對」,內文報導當局將舉辦慶祝《根特條約》(Treaty of Ghent)簽訂百年的國際活動。該條約是美國與英國為結束兩國間的1812年戰爭,於1814年平安夜簽訂。籌備單位表示,此次慶典將清楚顯示,「國際間的嚴重對抗與分歧雖然不可勝數,但如今各國不需要經歷戰爭的殺戮與恐怖,就能解決這些紛爭」。所有大國將出席慶典,而且隆重的儀式正在研擬中。但是,到了1914年夏天[2],人們已很自然地將「和

---

[1] 譯註:1815年徹底打敗拿破崙並結束法國戰爭的戰役。
[2] 譯註:此時第一次世界大戰於歐洲爆發。

平派對」拋諸腦後。

　　博蘭尼賦予自己的任務，是解釋「百年和平」以及他在二十世紀經歷的鉅變之政治與經濟根源。（他很清楚自己講的課題，因為他是以奧匈帝國軍官身分經歷第一次世界大戰的。）在他看來，十九世紀長期的經濟與政治和平，有賴四大因素：政治勢力的均衡、國際金本位制度、自由體制（liberal state），以及自我調節的市場體系。在此當中，他認為自我調節的市場是「體系的根源與母體」，是「催生獨特文明的一種創新」。但他的主要結論之一，是事實上市場並不保證社會在繁榮之餘，還能享有和平穩定。博蘭尼認為，無論出現在怎樣的環境中，自我調節的市場必然會產生一種自發的反作用，即使在物質生活顯著改善的社會也不例外。自我調節的市場無可避免藏著衝突與崩潰的種子，因為如博蘭尼所言，市場總是會試圖支配社會結構；因此，這種體制早晚會引發動盪與猛烈的反作用。

　　這是深刻且富先見之明的洞見，我們稍後將證明這一點。從二十一世紀初的角度觀察，博蘭尼的分析毫無過時的跡象，因為我們目前正經歷這樣一段大動盪時期，而這恰如博蘭尼所言，是因為市場試圖支配社會結構。

　　佛里曼的表達清晰明瞭，而且能引發人們的討論興趣。許多人起初認為，他掌握了二十一世紀經濟可能性的本質。《世界是平的》2005年出版，正值樂觀思潮的高峰。不過，這種樂觀情緒當時其實已瀕臨崩潰。有些人批評佛里曼為企

業資本主義（corporate capitalism）搖旗吶喊，對資本體制固有的衝突與貪婪視而不見。或許受此影響，佛里曼對前景的看法隨後轉趨悲觀。2008年9月，他推出新作《世界又熱又平又擠：全球暖化、能源耗竭、人口爆炸危機下的新經濟革命》（Hot, Flat, and Crowded: Why The World Needs a Green Revolution - And How We Can Renew Our Global Future），表示經濟的前途正從資訊科技轉向環境再生技術，「冷戰年代」正演變成「能源氣候年代」。佛里曼稱，世界很快就會受以下問題支配：對稀有資源的需求日益增加、財富大量向產油國轉移、氣候變遷造成破壞、貧富日益懸殊，生物多樣性加速喪失。他警告，2050年左右可能就是我們的轉捩點，在此之後，人類將無法修復氣候變遷的禍害。他哀悼美國社會的失焦與國家目標之喪失。

* * *

經過數年的檢視，佛里曼的世界「平坦」論述，顯得過度簡化且膚淺。不過，有關全球化問題，還有一種較微妙、更富洞察力的觀點，或許能幫助我們更接近上一章提出的有關起點與終點的問題。

1955年，耶穌會神父、古生物學家及哲學家德日進（Pierre Teilhard de Chardin）死後，他的著作《人的現象》（The Phenomenon of Man）出版了，比《世界是平的》早了五十年。《人的現象》不是一本容易讀的書，羅馬天主教會

在德日進生前禁止它出版,理由是該書的觀點看來非常可疑,而且含糊不清。這本書也觸怒了理性主義者,他們視其為偽科學的囈語。德日進自己也承認,許多人看完這本書,將無法確定作者「是在跟他們談事實、形而上學,或是夢」。但是這本書經得起時間考驗:相對於佛里曼的全球化觀點,德日進的說法更有先知之明,更富說服力。這真是頗奇妙的一回事。

在《人的現象》中,德日進融合科學觀點與富遠見的意象,一步步鋪陳他的人類演化理論。做為一名古生物學家,他追溯的歷史遠比佛里曼久遠,這一點也不奇怪──該書的前幾章,講的是物質的演化。他整套理論的一個關鍵,是世界的球體形象──真實與隱喻的球體。他將人類的演化進程分為兩階段。在第一個階段,人類在全球擴張,逐漸覆蓋了整個星球,直至彼此相遇,並對自身有更完整的了解。到二十世紀時,地球上可住人的地方,絕大多數已有人居住,此時第二階段就開始了。思想圍繞著地球,編織成一條壁毯,一種集體記憶隨之形成。人類的心智活動彼此重疊、相互聯結與會合,並且開始統一。在人類的意識驅使下,一層複雜的思想膜,似乎裹住了整個地球。德日進形容這過程是「一次巨大的生物心理活動(psychobiological operation)、一種超大型合成(mega-synthesis),地球上所有思想元素如今個別與整體經歷的『超級安排』(super-arrangement)」。他還將此比作是「某個大身體正在誕生,有四肢、神經系

統、感知器官與記憶;這身體事實上是那個有生命的巨物,其出現是為了實現那新獲得的意識,並且在那沉思的存在(reflective being)中激起的雄心。」

為了與產生生物圈(biosphere)的演化階段區分開來,德日進稱此演化階段、稱這個心智集體網絡為「精神圈」(noosphere;源自希臘語 nous,心智、精神之意)。此外,一些人認為,德日進這項說法,預示了網際網路這個巨大電子網絡的出現;這網絡覆蓋整個地球,將最偏遠角落的人也聯結起來,創造了由持續溝通與思考構成的一層活鞘(living sheath)——《連線》(*Wired*)雜誌1995年6月號談到這一點,報導的標題洋溢著興奮感:「一個以大腦覆蓋自己的地球」。但這種說法是將德日進有關人類演化的洞見瑣碎化了:他預見的,是人類意識以及我們對存在本質的理解之深刻變化。

德日進預測,隨著人的自我意識增強,演化的速度將加快。他設想地球出現以下狀態:物質發展日益減慢,思想之交流與完善卻指數式成長,最終讓人類得以掙脫物質固有的個體獨特性。一種嶄新有意識的存在由此而生,德日進稱之為「歐米加點」(Omega Point)。他煞費苦心強調,歐米加點的核心,是「無限大與無限小彼此間的一種祕密契合」——個體與宇宙的一種會合。他認為,若想徹底實現自我,人類必須朝會合的方向前進,而不是為個體性與獨特性而戰,「拖世界的後腿」。演化的巔峰並不是個體性

（individuality），而是人（person）。若想成為一個完整的人，我們就必須丟掉有意識的、自負的個體性：「根據世界的演化結構，我們要找到自己，只能靠聯結他人。」

德日進假設人的演化循由物質到精神、從個體到融合的方向，這一點無疑帶著神祕與樂觀色彩。但是他並不幼稚，也未忽略黑暗面：「按照當前的事態發展，用不了多久，我們就會彼此撞個滿懷。今後許多物質與精神力量具世界級規模，如果我們堅持將這種力量塞進我們搖搖欲墜的老茅舍裡，有些東西必將爆炸。」

在《人的現象》的結論中，德日進比較了人性化世界走向成熟的兩種可能性。一種可能是罪惡縮減至最低程度，而德日進所稱的「最終會合」（the final convergence）將和平發生。但另一種可能就沒那麼美好：「罪惡遵循過往從不曾有例外的法則，與善行一同成長，最終也以某種特定的新形式爆發。」

德日進的思想不容易進入。他的人類發展觀念很容易顯得含糊不清。但我相信，他領悟了其他人極少如此敏銳察覺到的一些東西。他已預見，全球化的核心，遠比經濟、商業與政治深刻。它是人類精神的一種演化。根據這項觀點，全球化的結局根本是未定的，而這正是因為人類精神演化中固有的模糊所在。

* * *

第二章 ▶▶ 世界是我的牡蠣

　　德日進認為惡與善可能一同成長，我們能（或者說應該）從當代另一位富影響力的政治學家杭亭頓（Samuel P. Huntington）所預見的「文明衝突」角度來解讀嗎？在他1996年出版的著作《文明衝突與世界秩序的重建》（*The Clash of Civilisations and the Remaking of World Order*）中，杭亭頓寫道：「在這個新世界裡，衝突的根本源頭主要將不是意識形態或經濟因素。人類之間的巨大分歧與衝突的主要根源，將是文化上的。文明的衝突將主宰全球政治。文明間的斷層線將是未來的戰線。」

　　杭亭頓主要按文化或宗教劃分世界。他表示世界上有八個「主要」文明：西方文明、東正教文明、拉丁美洲文明、印度文明、穆斯林文明、中華文明（中國、韓國與越南）、日本文明，以及撒哈拉以南的非洲文明。杭亭頓稱，未來的衝突可分為兩種形式：「斷層線」衝突與「核心國家」衝突，前者發生在屬於不同文明的鄰國之間，後者則發生在屬於不同文明的主要國家之間。斷層線衝突往往徵兆著核心國家衝突的登場。

　　這理論顯然有一些說服力。例如在歐洲，貫穿巴爾幹半島的斷層線就有悠久歷史；從1991年起，南斯拉夫聯邦的解體，看來顯然就是一次（三方的）文明衝突（西方、東正教與穆斯林文明）。此外，較廣泛而言，上世紀最慘痛的一些歷史，至少有部分原因在於侵略者深信自己的文明高人一等（例子包括日本1937年侵略中國，納粹德國1941年侵略

俄羅斯）。

　　但是，在文明之衝突中，我們很難看到歷史上人類爭端的主調。檢視歷史上的衝突，我們會發現，政治與軍事侵略多數有更基本的原因，例如競爭土地、水源與能源。事實上，這些因素未來大有可能成為人類衝突的更重要原因。杭亭頓大致根據文化與宗教來劃分人群，這肯定是過於單面向了。

　　事實上，自我定義的模式日新月異，是現代社會最顯著的特徵之一。現今還有多少人會僅以單一群體或類別定義自己？人們的身分不僅複雜，而且正日益複雜。且以個人經驗為例：即使純粹考慮地理關係，我自己的身分也是多層次的。我是在一個英國濱海小鎮及其附近地區（布來頓〔Brighton〕與南部丘陵〔South Downs〕）長大的小孩。那片大海及薩西克斯郡（Sussex）的郊野，將永遠是我生命的一部分；它們是我生命起點的一部分，而在我生命的終點，我希望自己的骨灰能撒在薩西克斯丘陵（Sussex Downs）。不過我還有另一層的身分：我是歐洲人。我的家鄉是一個大陸，它不僅是一個地理實體（不列顛群島是它的一部分，儘管這些島上有許多人不願承認這一點），還是一種文化傳統、一段共有的歷史。此外，在非常本土與非常歐陸之間，我自己的認同有點難以定義，這是英國人特有的一個問題。（我是英格蘭人〔English〕還是英國人〔British〕呢？）我還知道，我的身分認同必須對更廣闊的世界開放，以免變得

內向與貧瘠：如吉卜林（Rudyard Kipling）[3]所言：「那些只知道英國的人，能對英國有多少了解呢？」這句話對非英國人也同樣適用。

諾貝爾經濟學獎得主、印度經濟學家沈恩（Amartya Sen）在2006年出版的著作《身分與暴力：命運的幻象》（*Identity and Violence: The Illusion of Destiny*）中概括了這一點。沈恩出生於西孟加拉邦，是首位出任牛津／劍橋學院院長的亞裔學者[4]，後來轉任哈佛大學。他體現了多重身分與忠誠如何集中在一個人身上。有關人類精神的複雜性，他這本《身分與暴力》肯定比《文明衝突》更接近事實真相。沈恩指出，人可以按多種方式歸類，每一種均涉及個體與世界的深刻聯繫，對個體具重大意義；這些分類方式包括有：國籍／民族、地域、階級、職業、社會地位、語言，以及政治觀等。沈恩認為，宗教與文化類別在公共論述中雖然佔重要地位，但並不會令其他類別失效，而且我們也不能視它們為唯一有意義的分類方式。事實上，認為宗教或文化即足以適當概括一個人的特質，這種簡化的觀點，不僅助長「衝突」，還會妨礙真誠對話的努力。人如果無法看到人類許多重疊的身分認同，討論就會局限於彼此相異之處。沈恩指出，西方國家促進與穆斯林世界關係之努力，往往就像是一對朋友雖

---

[3] 譯註：1865-1936，英國作家，1907年獲諾貝爾文學獎。
[4] 譯註：沈恩1998至2004年間擔任劍橋大學三一學院院長。

有許多共同之處，但只想討論彼此間唯一的深刻歧見。他呼籲人們更全面認識許多個世紀以來，跨越宗教與民族鴻溝，將人們聯結起來的許多環節，包括藝術、文化、科學、數學、運動與貿易：

> 人們有許多不同的自我定義方式，而且這是有道理的。例如，孟加拉裔穆斯林不僅是穆斯林，還是印度西孟加拉邦人或孟加拉國民，他們通常頗以孟加拉語言、文學與音樂為榮。在此之外，他們還可能因為階級、性別、職業、政治與美學品味等因素，有許多其他的身分認同。孟加拉從巴基斯坦分離出來，完全不是因為宗教，因為穆斯林是兩地絕大多數人民共有的宗教身分。分離是跟語言、文學以及政治有關。

文化交流可縮減許多分歧——看過印度教女神難近母（Durga）塑像2006年於倫敦大英博物館誕生過程的人，均可為此作證。在這個典型英國場所的大中庭（Great Court），孟加拉工匠帶來稻草、大麥、燕麥、黏土、木材與恆河的水，塑造一個難近母神像。數以百計的西方人與西孟加拉邦印度人及孟加拉國穆斯林，一道參加為期五天的難近母祭（Durga Puja），見證女神像最後沉入泰晤士河中。

隨著時間的推移，網際網路正將文化與商業的絲線，聯綴到世界上最偏遠的角落，而這些絲線正將各地的人與社群連結起來。相較之下，將世界想像成聚集在純粹的宗教或文

化旗幟下的少數幾個敵對陣營，會困難多少呢？隨著我們的全球聯繫逐漸加強，我們必將發現，自己跟世界各地的人有許多共同的關懷、興趣與想法；只有這樣，我們才會開始發現自己真正了解自身的家園、自身的根源。

＊　＊　＊

那麼世界正往何處去呢？我們正邁向一個全球化逐漸抹平我們彼此間差異的「平坦」世界嗎？抑或我們正邁向一個「衝突」的世界，強大的文明徘徊在彼此敵對的危險邊緣？都不是，兩者皆過度簡化了。在德日進的複雜意象裡，我們更接近問題的答案：在我們的世界裡，人類的全球化過程持續而且正在加速，但是個體性並未消減。事實上，儘管我們正不可逆轉地日益成為全球人類結構的一部分，我們的差異性與個體性也在增強。如前所述，此一矛盾中有一種緊張關係，而這是德日進的理論未有也未能徹底或明確解決的。

那麼全球化是什麼呢？現今許多文獻與公共評論均基於這個觀點：全球化是一種概念或意識形態，不知怎麼地是有意識決定的結果。根據這種觀點，全球化是一種外來的東西，是政府或跨國企業強加在人們身上的，也有可能是西方文明強加在其他文明頭上的。

但就最根本的意義而言，全球化其實並非一種概念或意識形態，而是一種現象。它是歷史長河的一部分。認為全球化是某些人、某些群體或某些國家操控的事物，是誤解了事

實。全球化跟近百年來的各種主義——共產主義、法西斯主義、自由主義等——大不相同。這些主義是一些思想，在不同時期各有擁護它們的知識份子，致力宣揚相關理念，試圖令人們接受它們做為政治生活與政府的理論基礎。相反，全球化就像是人口成長，是我們面對的一種現象，近數十年來所呈現突飛猛進的態勢。在不同時期，政府可以、而且確實也曾促進或阻礙此一過程，主要是藉由戰爭以及針對貿易與資本流動的政策。但歸根究柢，全球化是人類精神所產生的一種現象。

* * *

眼下全球化至關緊要的一點，是它已經越過臨界點，再也回不了頭。我們無法讓它暫停下來，遑論扭轉它。以前的世界可不是這樣。在距今不算太遠的人類史上，社會的發展腳步或多或少是可以停在其軌跡上的。在公元500至700年左右的黑暗時代，西歐即經歷了嚴重的衰敗。期間除了學問與藝術在少數修道院得以保存、發展外，文化與技術發展陷於停頓。在羅馬帝國統治下，西歐曾擁有貿易與生產的穩定環境，以及一個統一的、聯繫廣泛地區的文化與教育體系。隨後商業與社會聯繫及基礎架構的日漸敗壞，各地社群因此日益孤立。貿易與出口生產大幅萎縮。製陶等主要產業消失了，磚塊與水泥製作技術失傳了。營建業基本停擺，行政與軍事建制瓦解，學校倒塌，連領導層中也出現文盲。書籍

第二章 ▶▶ 世界是我的牡蠣

的數量劇跌。有組織的耕作基本消失，農業產量降至僅夠糊口的水準。當然在此同時，以君士坦丁堡為首都的東羅馬帝國繼續繁榮，伊斯蘭教則於中東興起。伊斯蘭教誕生於阿拉伯半島，起初並不顯眼，但逐漸發展成一個重要的新文明，隨後更成為地中海地區的學術中心。此時世界的非全球化程度，足以讓一個地區在其他地區繁榮發展之際，陷於閉塞衰敗的狀態。

在十五世紀的明代中國，也疏遠了世界其他地區（原因與黑暗時代的西歐不同），國勢因此逐漸衰落。十五世紀初，中國文化與貿易的穩定成長達至巔峰，明朝政府在探索與發現的努力領先全球，七次資助偉大航海家鄭和率領的航海探索。這些遠征彰顯了非凡的航海技術與力量。鄭和的船隊曾到訪印尼群島、泰國、印度、阿拉伯、東非，可能還曾經繞過南非好望角（因相關紀錄遭銷毀，未能確定）。鄭和的船隊據稱是由300艘九桅寶船及28,000名船員組成。每到之處，均對當地文化顯露出極大興趣。他贈送當地領袖金、銀、瓷器與絲綢，同時將他發現的一些新奇事物帶回中國。

這些航程主要是為了向其他民族展示中華皇朝的威風，但這麼做耗資龐大。官僚階層的反對逐漸增強，待支持鄭和的皇帝1424年去世後，官僚階層得以顯著影響繼位者的想法。最終結果是全面退縮，中斷所有海外貿易與聯繫。政府廢棄船隊，許多船長與海軍將領遭撤職。中國對海外世界閉上大門。朝廷內有關鄭和航程的一切紀錄付之一炬。政府關

閉港口設施,並禁止航海。這些政策令中華文明承受了嚴重後果:中國學術界逐漸僵化,禍延後代,整個國家於十九與二十世紀付出慘重代價。

　　伊斯蘭文明同樣經歷了盛極而衰的過程。在九世紀與十世紀,伊斯蘭文明進入黃金時期。在歐洲大部分地區深受社會停滯、疾病與內亂困擾之際,伊斯蘭科學家正在發明代數、發展幾何學,研究人的心理(他們率先提出治療精神病的方法),為現代地理學奠下基礎(例如,他們準確算出了地球的半徑)。但是從十一世紀起,伊斯蘭世界開始限制學術發展。約從十二世紀起,無論是科學還是哲學,伊斯蘭社會已失去世界領先地位。此一停滯的原因,歷史學家至今仍爭論不休。不過多數人認為主要原因包括以下三項:一、蒙古人1258年殘暴入侵巴格達,摧毀了伊斯蘭世界的行政與學術中心(36座圖書館遭焚毀,殺人如麻,人血據稱「淹到馬膝蓋」);二、腺鼠疫肆虐,伊斯蘭世界受創程度甚至比歐洲還慘重;三、掌權的教士階層在宗教上日趨保守。例如十二世紀末,安達盧西亞(Andalusia)[5]博學大師伊本・魯世德(Ibn Rushd;在歐洲較通用的名字為阿威羅伊〔Averroës〕)忽然遭科多巴(Cordoba)[6]的穆斯林宮廷放逐,原因是他的思想被視為過度傾向理性主義。魯世德貫通東西

---

[5] 譯註:西班牙南部地區。
[6] 譯註:安達盧西亞的一個城市。

方傳統,既是伊斯蘭哲學大師,又寫過許多對亞里士多德著作的評論。

隨著伊斯蘭世界在智力發展上喪失動能,基督教歐洲趁勢而起(部分受穆斯林學術成果滋養),擴張自身的勢力。歐洲在智力上的自信與創造力日益增強,在中世紀盛期(high Middle Ages)[7]與文藝復興時期的藝術、建築與文學上留下不滅的印記:這是米蘭大教堂、但丁、文藝復興時期許多偉大的藝術家、古騰堡(Johannes Gutenberg)[8]以及探索新大陸的時代。

明代中國與中世紀伊斯蘭社會儘管有種種明顯的差異,但面對與世界交往的潛在威脅時,中國官員與伊斯蘭的掌權教士反應異常相似。這些文化趨勢彼此相關嗎?這兩個偉大文明的弱點是否創造了一個由歐洲填滿的缺口?有此可能。可以肯定的是,在過去兩千年中的關鍵世紀,歐洲的復興跟中國的閉關鎖國,以及伊斯蘭世界失去進步動力大致同時發生。歐洲力量日益強大,很有可能至少部分受益於另外兩大文明日益衰弱;世界主要文明重新洗牌,是驅使歐洲為現代世界奠下基礎的一大助力。想想1492年的世界。這一年摩爾人在格拉那達(Granada)的最後一個軍事據點失守,穆斯林政權在西班牙終告覆亡。數年之前,鄭和的航海紀錄在

---

[7] 譯註:指十一至十三世紀的歐洲歷史時期。
[8] 譯註:約1398-1468,發明活字印刷術的德國人。

中國宮廷內付之一炬。但正是在這一年，哥倫布從西班牙出發，開始了發現新大陸的遠洋航行，最終導致美洲大陸的歐洲化。

如果說在過去，全球體系必須有某些部分的陷入衰敗，才能造就另一部分的主宰世界，那麼這種情況很可能永遠不會再發生了。除非是遭遇某種浩劫，我們如今全都身處同一進步洪流中，未來隨此洪流前進的速度將日益接近。我們將不會見到整個文明閉關自守，以至於衰敗凋零的情事。如今已幾乎不可能在文化上搞孤立，未來只會越來越難。當今世界的少數例外，是相對微小地區不幸落在狂熱教條主義領袖手上，被迫與世界的進步嚴密隔絕，代價是人民承受巨大苦難。這些地方縱使強制性黑暗可能會持續一兩個世代，但光明最終還是會到來的。在中世紀時期，世界相互連結的程度，不足以讓一個地區的知識與經濟真空由其他地區填補。在二十一世紀，這樣的真空不可能持續維持顯著規模。整個地區與世界累積的知識維持隔絕狀態，現在已是不可能的事。

* * *

那麼，全球化將帶我們往何處去呢？展望未來五十年，全球化的主要政治效應，將是產生一個更多極的世界。不過，全球化也將改變社會、促進城市化與個體化。全球化將帶給我們新一波的文化互動與創造力爆發。此外，商業上的

聯繫與交流將愈來愈緊密。

多極的世界已在我們眼前，這與其說是歷史的新一章，不如說是回歸歷史常態。單一超級強權主宰世界，歷史上僅有兩次。第一次是大英帝國，始於1815年，（可說是）至1871年德國統一為止。第二次是美國，從1989年柏林圍牆倒下至⋯⋯約莫現在。

1815年之前，世界不曾經歷單極狀態。羅馬帝國與中國漢朝統治的人口規模相若（約6,000萬），兩者雖然共存了250年左右，但彼此間幾乎沒有什麼聯繫，未發生過衝突，也不曾記錄另一方的成就。兩者要是有多一些交流就好了：羅馬人可以展示他們新發現的玻璃，而差不多同一時間，中國人則可以炫出他們發明的瓷器。在科學、文學與建築等許多方面，兩大文明是（在沒有意識到另一方的情況下）齊步前進的。但中國在許多技術發明上遠遠領先歐洲。中國科學家率先發明造紙術，研究出煉鋼的方法，製造出第一台地震儀，正確發現月球反射太陽的光，並為農民率先設計出風鼓車。另一方面，歐洲則受益於中國從不曾採用的字母文字（這概念誕生於公元前第二個千年的美索不達米亞）。哲學、文學與藝術在兩個文明蓬勃發展。為便利跨越歐亞大陸的貿易往來，當局開通了道路（如今人們稱為絲綢之路）。當時的世界，至少是兩極的。

蒙古帝國時期的世界也不是單極的。蒙古人十三世紀時統治的人口高達1.1億。蒙古鐵騎重創伊斯蘭世界，對中國

及新興的俄羅斯構成重大威脅,但對西方基督教國家的事務影響甚微。西班牙帝國鼎盛時期,世界也不是單極的。1600年,西班牙帝國統治約6,000萬人,在歐洲人眼中似乎主宰了世界。但那時中國明朝人口高達1.5億左右,而且閉關自守,幾乎完全不受西班牙人的影響。

直到法國拿破崙政權1815年覆亡[9],英國憑藉海上優勢,才建立起歷史上第一個版圖遍及全球的無敵帝國。大英帝國最終成了以人口計史上最大的帝國(逾5億人),鼎盛時期可不惜代價剷除政治對手——英軍1868年遠征阿比西尼亞(Abyssinia)[10],營救兩名遭衣索比亞國王特沃德羅斯二世(Tewodros II)囚禁的人質,就彰顯了這一點。英國政府認為事關帝國尊嚴,指派羅伯・納皮爾爵士(Sir Robert Napier)率領13,000名士兵、26,000名支援人員、40,000頭動物(包括大象)及280艘船艦,征伐阿比西尼亞。經過一段漫長炎熱的旅程,最後戰役用不了兩小時就結束:英方損失一人,衣索比亞陣亡700人,人質獲釋,國王自殺。

1871年,普魯士首相俾斯麥(Otto von Bismarck)將數個獨立的德裔國家統一起來,建立起德意志帝國。在此之前,世界政治版圖上完全找不到能有效牽制大英帝國統治的勢力。俾斯麥建立的地緣政治勢力成就驚人,隨即掀起

---

[9] 譯註:法軍這一年在滑鐵盧慘敗。
[10] 譯註:東非衣索比亞帝國別稱,今衣索比亞與厄利垂亞(Eritrea)。

第二章 ▶▶ 世界是我的牡蠣

一波愛國熱潮與經濟成長。1871年，德國人口4,100萬，三十年後已增至約6,000萬。在此同期，德國鋼鐵產量增加十一倍，煤產量增加四倍，出口增加兩倍。至1914年，德國已是全球最強大的工業國家，英國至高無上的年代顯然已結束。

人類史上第二段單極世界時期，是在1989年冷戰最後陣痛之後開始。人們原本普遍認為，蘇聯與美國並立的兩極狀態結束後，世界將進入多極模式，勢力分散至新的中心，如日本、德國與中國。但事實並非如此，美國成了全球單一超級強權。1990年9月，美國報紙專欄作家柯翰默（Charles Krauthammer）在華府一場演講中，滿懷信心地宣稱：「現在是單極時刻。眼下世界不乏二級勢力：德國與日本是經濟強國；英國與法國可利用外交及某程度的軍事資本；蘇聯擁有強國的數項要素，包括軍事、外交與政治，但這些力量全都迅速衰減中。目前世上只有一個一級強國，短期內沒有任何國家能與之匹敵。」

但這段單極時期只能持續約莫一個世代。2004年，美國主要情報組織──國家情報委員會（NIC）預測「美國繼續主宰世界」，並補充道：「多數主要大國已放棄抗衡美國的想法。」但到了2008年，NIC在其四年一度的全球趨勢檢視報告中，說法已截然不同。該組織在報告結論中表示，世界正進入一段不穩定、不可測的時期，屆時西方民主體制的前進，已不能視為理所當然的事，而美國也將無法再單獨「號

美好價值

令天下」。報告預測歐盟影響力衰減，新興經濟體如巴西、印度與中國的影響力則急升。國際關係正恢復常態：多極的世界正再度形成。

中國重新崛起為世界強國，是本世紀上半葉最重要的事件。許多人會說這是中國「冒出頭來」，但我們不應忘記，這其實不過是回到以前的樣子——因為在過去二十個世紀中，中國有十八個世紀是全球最大經濟體。《經濟學人》(*The Economist*) 雜誌不久前這麼說：「在人類有記錄歷史的多數時候，中國不僅是世上最大的經濟體，甚至直至十五世紀，中國也是人均所得最高的國家，而且是世界科技的領導者。」近如1820年，中國佔世界GDP的比重仍高達三分之一，而當時美國還僅佔2%。但到了1914年，局面已倒轉過來：此時美國佔全球GDP的比重已升至19%，而幾乎完全錯過十九世紀歐洲工業革命的中國則降至不足10%。但如今局勢又正在改變，中國正回歸世界舞台。自1978年推動內部的自由市場改革以來，中國GDP一直維持10%左右的年均成長率。如今中國是世界上成長最快的經濟體；根據多項預測，二十年內中國將（再度）成為全球最大經濟體。

＊　＊　＊

因此，一個更加多極的世界已開始出現，而引導它的政治潮流也已浮現。不過全球化現象並非僅牽涉國際政治關係，它正對每一個人類社會產生深遠影響，無論這社會是採

行哪一種政治體制,是民主還是其他管治方式。人們正日益城市化與個體化,這幾乎是世界每一個地方的共同現象。在經濟較落後的國家,驅動此一過程的主要因素,是農村資源不足,以及城市裡生活水準較高之誘惑(往往是假象)。根據2008年的統計結果,全球共有473座人口逾百萬的城市,不用二十年就幾近倍增。1850年,世上人口逾百萬的城市很可能只有三個:倫敦、巴黎以及北京。

　　此一驚人的變化速度,促成了許多傳統社會結構的崩解。雖然個體化的速度與程度在不同文化的社會有明顯差異,城市化與個體化之間有很深的因果關係,而且世界各地幾乎莫不如此。在這方面,歐洲人很可能是先鋒。在歐洲,半個世紀前人們視為理所當然的種種社會結構,如今正日漸衰落。例如,在英國,教會、工人團體、共濟會、童軍、婦女協會,以及規模較小、較在地的許多其他組織,以往是凝聚社會的重要角色,如今規模與影響力均顯著萎縮。五十年前這些組織是英國社會的固有特色,一如人們習以為常的每天牛奶配送,以及騎腳踏車的警察。

　　美國的情況跟歐洲很不一樣。儘管兩地的城市化程度相近(本世紀初,四分之三的美國人住在城市,歐洲情況相若),而且均相當富裕,美國人的愛國精神、宗教虔誠與共同目標感,跟歐洲人大相逕庭;歐洲有時讓人覺得既缺羅盤又缺錨,甚至歐洲人自己也是這麼認為。事實是歐洲人變得比美國人更為世俗,繼承了更多十八世紀啟蒙運動精神;在

後法西斯與後共產主義的年代，伴隨著這種世俗化出現的，是某程度的個體化，而這對歐洲人幾乎每一個生活面向均有影響，廣泛程度超乎所有其他社會。世上很難找到一個哲學觀與歐洲相似的地方；就某些方面而言，中國是一個顯著的例外（許多人或許會對此大感意外）。

中國的文化核心裡，從不曾有過根深柢固的有神論宗教，這一點在世界上是獨一無二的，是中華文明的關鍵特色。這不是因為中國人欠缺宗教虔誠，而是因為中國人老早就發展出根本傾向自然神論的思想。中國人沒有明確的創世故事，大致上迴避天啟、神蹟與神祕主義。中國哲學對一些歐洲啟蒙運動學者深富吸引力。十七世紀英國外交官、相當典型的啟蒙運動代言人——威廉・譚普爵士（Sir William Temple）對孔子的思想極為熱衷，曾宣稱孔子的「首要原則」，是每一個人均應「學習並努力完善自身的自然理性，達至力所能及的最高程度」。他並宣稱孔子是啟蒙英雄。

當然，這樣的比較可能有點誇張牽強。中國文化裡有非常迷信的一面（不過在世俗化的歐洲，此一民間信仰特徵也不應低估）。此外，華人愛國精神的力量及由此而生的凝聚力，也是不容忽略的（在這一點上，中國像美國遠多於歐洲）。但無論如何，歐洲與中國如今可說是世界上最世俗化的兩個文明。儒家精神給了中國一種理性務實思想，奠定了中國人的人生價值觀與社會心理；這種思想特質非常適合個體化城市生活。（當然，這並不是說在社會與政治緊

張時期,從眾心理與集體的歇斯底里不可能蓋過理性思想——1930年代的歐洲與1960年代的中國就彰顯了這一點。不過,這兩個事例均屬偏離基本的理性務實思想之特例。)

亞洲其他地區受城市化與全球化影響的方式有根本不同嗎?亞洲另一大國印度肯定沒有。2006年,《新聞周刊》國際版主編札卡瑞亞(Fareed Zakaria)形容,印度的後全球化經濟與文化能量爆發遠遠超出經濟數據所顯示的。他寫道:「印度人目前雄心萬丈,至少城市裡的印度人是這樣。印度商人對生意前景欣喜若狂;印度設計師與藝術家正計畫擴大他們的全球影響力;寶萊塢(Bollywood)電影明星希望在五億影迷的『基礎』上,將市場擴充至海外。情況就像是數億人忽然間發現了發揮自身潛能的祕訣。」

如果說城市化的個體化效應在亞洲有持久的例外,那很可能是日本。日本高度城市化,社會富裕,而且對與西方貿易與旅行往來廣開大門。儘管如此,日本迄今仍大致擋住了在其他地區勢不可擋的個體化趨勢。在2008年為《金融時報》撰寫的一篇文章中,該報東京分社主管大衛·皮林(David Pilling)仔細思考自己的想法:現實中並沒有什麼日本例外論,「人就是人,任何有意得出不同結論的企圖,很可能都藏著不可告人的動機。」皮林努力嘗試證實自己的觀點,訪問了一個又一個專家,但最終還是得承認自己的觀點無法證實。他訪問的學者全都認為日本有非常頑強的獨特之處。事實上,劍橋大學人類學家艾倫·麥克法蘭(Alan

Macfarlane）認為，日本不僅「跟西方及其他文明有許多瑣碎差別，日本的獨特之處還是深層的，深到我們平常使用的理解工具不敷應用之地步。」大國之中，沒有一個國家像日本那樣長期孤懸海外，跟世界其他地區斷絕聯繫。在七大工業國（G7）這個富國集團中，日本是唯一有佛教根基的國家，餘者皆為單一神論的基督教國家，這突顯了日本的獨特性。不過麥克法蘭的觀點還有另一個根據：日本從不曾經歷亞里士多德學派（或儒家）將物質世界與精神世界分開的過程。皮林問日本一名頗有成就的外交官千葉明對神的看法，得到的答覆是：「在日本，諸神四處飄浮，無所不在。我們實質上跟神生活在一起。」皮林引用一本書的說法：歐洲人與美國人（他大可加上中國人）像是有自己的保護殼的蛋，「相對的，日本人則是無殼的，如果不將自己與家庭、家鄉、工作場所、上司下屬、局內人局外人連繫起來，就無法想像自己是什麼人。」

那麼伊斯蘭世界又如何呢？伊斯蘭文化在許多方面極富宗教虔誠特質，這一點歐洲從十八世紀開始就不再如此，中國則從不曾如此。伊斯蘭國家城市化的速度不比任何其他地方慢，這會如何影響伊斯蘭文明呢？所有證據均顯示，影響重大且深遠。例如，值得注意的是受城市化（及女性受教育）影響，幾乎所有地方的生育率均正下滑。差異顯著的穆斯林國家如土耳其、伊朗、阿爾及利亞及印尼，生育率如今已降至或接近替代水準（這些國家存在明顯差異，這對過度

第二章 ▶▶ 世界是我的牡蠣

簡化地以文化為定義國家特質的標準,是一個警告)。

在思想領域(包括文學,以及科學或技術),穆斯林從不曾忘記,以前曾有那麼幾個世紀,伊斯蘭文明是以創造力驚人著稱的。各領域的穆斯林思想家普遍明確承認,伊斯蘭社會如今有急起直追的必要。阿拉伯社會學者2003年為聯合國撰寫的一份報告,提供了一些證據。該報告的統計顯示,阿拉伯世界在本世紀初以5%的全球人口,僅出版1.1%的全球書籍;而在1998年,阿拉伯國家的文學與藝術書籍總出版量,比人口僅為它們總人口四分之一的土耳其還少。但如今這一切均正開始改變。當然部分伊斯蘭國家現在資源豐富,有能力投資促進一場文化復興。例如出版方面近年即出現一些新倡議,其中誕生於阿拉伯聯合大公國的卡林圖書計畫(Kaleem Books)就提出了以下豪氣的行銷宣言:「在二十世紀,阿拉伯語世界經歷了文學自由與熱情的甦醒,此趨勢正日益壯大。卡林圖書計畫體現了這波富創意與熱情的文學表達復興——卡林圖書的作者與讀者由遍及阿拉伯世界、遍及全世界的開明的新一代阿拉伯語文人組成。」

總的來說,我們根本沒有理由認為伊斯蘭社會可以不受城市化,以及必然由此而生的聯結性(connectedness)與個體化趨勢影響。即使是在強大的神權王國沙烏地阿拉伯(穆斯林聖城麥加與麥地那的所在國),王室主要成員之一、掌管麥加省的哈立德親王(Khalid Al Faisal)也能於2009年重新推出他的全國性報紙《國家報》(*Al-Watan*),公開宣稱該

報的目標是促進沙國國內的開放。

整體而言，趨勢很明顯，持久的例外情況非常少。這些國際關係與各地社會的巨變影響深遠，為我們帶來許多明顯的考驗，這部分稍後章節將進一步探討。聯結性與個體化——德日進人類發展論的兩大焦點——如今在世界各地均日益明顯。這不僅是一種商業與經濟現象：它比這深刻得多，觸及人類自我定義的根源。此趨勢最令人興奮、最富創意的體現，是在文化交流這領域。現在任何一位旅行者都不可能不注意到，在這個日益全球化的世界裡，文化意念與靈感的互動正迅速加速。

卡達伊斯蘭藝術博物館（Qatar Museum of Islamic Art）2008年11月開張，展示世界各地伊斯蘭文化的豐富寶藏，而且當局看來有意投資收集其他文化的瑰寶。如果此願景最終得以實現，該博物館將珍藏反映人類創造力的各種物品，多元程度或可媲美柏林、倫敦、紐約與巴黎的博物館。

在北京，798藝術區座落北京市東北方的大山子區，原先是多家國營工廠的所在地，包括原本生產電子產品的798工廠。約從2002年起，中國的藝術家與文化團體開始租下這裡，改造廠房空間，逐漸將這裡發展成一個美術工藝品中心。你到這裡逛逛，會明顯感受到衝勁與創造力。這裡令人興奮，部分原因在於多種文化在此匯合，產生非凡效果。中國革命年代的主題與中國傳統文化並陳，此外還有受西方與日本風格影響、但並非盲目模仿的中國現代創作。它就像是

全球多元文化的一個縮影。

在2007年的北京國際音樂節上，中國青年鋼琴家郎朗為北京上層階級彈奏布拉姆斯第一鋼琴協奏曲。這首非常浪漫的十九世紀德國樂曲魅力非凡，震住了整個觀眾席。它毫不費勁地架起一座橋樑，連接（但並未消除）兩個各有深厚美學傳統的文化之間的鴻溝。此外，我也曾於由一名法國人（保羅‧安德魯）設計的北京國家大劇院裡，欣賞一名義大利作曲家（普契尼）創作的歌劇。普契尼的最後作品以深受歡迎的中國經典戲曲故事（杜蘭朵公主）為基礎，他的音樂天衣無縫地融合了歐洲與中國曲調。這場演出採用北京中央音樂學院年輕作曲家郝維亞創作的一個新結尾。（普契尼逝世時尚未完成《杜蘭朵公主》，他的構思留在23頁手稿上。此劇普遍上演的版本，結局由與普契尼同代的作曲家弗朗哥‧阿法諾〔Franco Alfano〕譜寫。為了這場演出，北京國家大劇院委託36歲的郝維亞創作一個新結尾。郝的創作以中國民間小調《茉莉花》為基礎。）高廣健的舞台設計，與劇院隔街相望的壯麗紫禁城相呼應，並採用了中國戲曲的傳統設計元素。這場演出令觀眾至為著迷。

世界文化交流正日益多面向、全方位。近年來，歐美出現愈來愈多呈現世界多元文化的展覽、演唱會與文學活動。2008年，倫敦維多利亞與亞伯特博物館舉辦了一個重要的現代中國設計展——創意中國展（China Design Now）。2009年，倫敦雀兒喜區的薩奇藝廊（Saatchi Gallery）推出黎凡

特（Levant）[11]與中東作品展。參展的年輕穆斯林藝術家嘗試透過現代都市生活的視角，詮釋伊斯蘭文化的藝術、美學與人際關係。

在此同時，文化交流也正日益普遍。印度三世紀精美、細緻的雕塑已流傳至西方；久德普（Jodhpur）[12]兩百年前的畫作用色充滿神祕風格，可說是馬克‧羅斯科（Mark Rothko）[13]畫風的先驅。此外，大量亞洲、非洲、中東與拉丁美洲的文學作品推出了新的英譯版。這些活動並非全都能夠持續下去，畢竟部分文化交流是因為人們好奇、愛趕潮流促成的。但這種交流並非弱智化、庸俗化的無聊活動，它是豐富人類創意的一種互動，一如先前幾個世紀的文化交流激發出新靈感（如高更與大溪地、梵谷與日本繪畫，以及畢卡索與非洲藝術）。

*　*　*

因此，全球化的影響是多面向的。無論大家喜歡與否，全球化這現象（而不是意識形態）已主宰了我們的時代：勢力均衡改變、城市化、個體化與文化交流全都由此促成。

在某種意義上，全球化最無趣的面向是商務，儘管商

---

[11] 譯註：地中海東岸的西亞地區，包括黎巴嫩、以色列、巴勒斯坦、敘利亞、約旦；有時也包括塞普勒斯、西奈半島及伊拉克部分地區。

[12] 譯註：印度拉賈斯坦邦第二大城市。

[13] 譯註：美國抽象表現主義畫家。

務正是全球化的根。古典學者往往視奧德修斯（Odysseus）為既好奇（inquisitive）又貪心（acquisitive）的探險家原型。奧德修斯不顧夥伴的明智警告，進入怪物波呂斐摩斯（Polyphemus）[14]的巨大山洞，墜入怪物的陷阱。他這麼做，至少有一部分是因為想看看能跟怪物交換什麼禮物，帶點有趣的東西回家，另外的動機則是純粹好奇看一看。和奧德修斯一樣，人類至今基本上仍帶著同等程度的好奇與貪婪。就某意義而言，人類的故事就是那些離家遠行的人的故事：玄奘、馬可孛羅、鄭和、伊本・巴圖塔（Ibn Battuta）[15]、麥哲倫、哥倫布。我們離開家園，尋找刺激，不僅是為了利潤，不一定知道自己在尋找什麼，甚至不清楚自己已經找到些什麼。雖然促進全球化的是貿易，但全球化絕非僅止於商務運作。

這一切環環相扣。商務聯繫是城市興起的原因，城市在文化上將我們聯繫起來，並逐漸令我們趨向個體化。這就提出了一個問題：我們是誰？（透過文化交流蓬勃發展的藝術，正是致力以某種方式回答這問題。）

因此，我們現在得來看看全球市集。

---

[14] 譯註：希臘神話中的一個獨眼巨人。
[15] 譯註：十四世紀摩洛哥穆斯林學者、大旅行家。

第三章

全球市集

金錢……是一種潤滑劑,令貿易之輪轉得更順暢自如。
　　　　　——大衛・休姆,《道德和政治論文集》,1741年

金錢的語言萬國皆通。
　　　　　——阿芙拉・貝恩,《流浪漢》,1681年

貪財乃萬惡之根。
　　　　　——聖保羅寫給提摩太的第一封信(《提摩太前書》)

全球化源自人類的出現。但是在十九世紀末之前，人們不曾定義或討論此一現象。而大約一個世紀之後，全球化一詞已全球通行。舉一個例子，以下這段1897年寫於美國的話，就談到全球化現象（帶著當時典型的一種優越感）：

> 文明的民族對地球上任何地方不再陌生。他們豪華的航海設備載著他們的商務代表、外交使節與好奇的尋歡者，輕鬆舒適地到達最偏遠的地方。氣派的火車將他們載到內陸地區。他們返家時帶回大量資訊與新意念，認識了許多新企畫與新事業。即使是那些愚鈍的異教民族，也正從多個世紀的夢中喚醒自己，以驚奇、詫異的眼光看著他們的海外訪客，學習他們的非凡成就。如今這些異教民族也派出代表到海外，希望能得益於他們新認識的世界。

這段文字的作者，是當時45歲的新教佈道者查爾斯‧泰茲‧羅素（Charles Taze Russell）。他的經歷與興趣是商業與宗教的生動結合。羅素才十二歲時，就會在人行道上用粉筆寫下聖經經文，嘗試說服異教徒皈依基督教。不做這件事時，他父親會鼓勵他幫忙經營家裡的服飾店，並為顧客書寫商業合約。這名年輕的商人後來成為著名的作家與宗教領袖，某些方面很古怪，某些方面則頗富遠見。除了提到全球化現象外，羅素還預言地球氣候將出現顯著但逐漸的改變，包括兩極的冰帽將逐漸融化。這位全球化的早期預言者，可

第三章 ▶▶ 全球市集

能也是第一位預言全球暖化的人,而這概念很久以後才為人們所熟悉。

八十六年之後,也就是1983年,全球化一詞才普及起來。發表於《哈佛商業評論》的〈市場全球化〉(The Globalization of Markets)一文,反傳統的行銷理論家、哈佛商學院教授西奧多・李維特(Theodore Levitt)提出一個引發激烈爭論的論點。李維特宣稱,新科技已將通訊傳播、運輸旅行「普羅大眾化」,創造出一個新的商業現實:拜規模經濟所賜,標準化消費商品已形成全球市場,價格比以往低廉。他描述製造方式將出現的巨變,並稱這種變遷對諸如可口可樂、家樂氏(Kellogg's)與麥當勞等公司特別有利。他進一步提出,跨國企業將演變成無需照顧地方品味差異的「全球企業」(global corporation)。李維特2006年逝世時,《紐約時報》在訃聞中稱他是創造「全球化」一詞的人——隨後急忙收回此言,因為報社隨即收到大量反面證據,包括1944年就有人在非經濟意義上使用全球化一詞,而經濟方面則早在李維特的文章發表前數年就有人使用。

事實上,全球化的真正起源,是在人類行為的根源與時間的迷霧之中。湯馬斯・佛里曼與德日進均曾以各自的方式,有力地描述全球化如何源自人性中最深層的本能。佛里曼在他1999年的著作《凌志與橄欖樹》(*The Lexus and*

美好價值

the Olive Tree）[1]中指出，全球化有一種準宗教價值，有助滿足人類最深層的兩種渴望：對「生計、進步、繁榮與現代化」（凌志汽車）以及「一切能幫助我們找到自己的根源與身分認同，安身立命，知道自身位置的東西」（橄欖樹）之渴求。佛里曼稱，我們兩者皆需要。政府可以幫助我們追求凌志汽車，但我們需要創造一條通往自己的橄欖樹之路。德日進的觀點比佛里曼早約半個世紀，他稱全球化為他那時代具深厚根源的宗教運動。他將全球化跟神祕主義者對「與無限合一」的渴求，以及跟他所稱的「歐米加點」連結起來。他使用神祕主義的詞彙描述科技、工業、政治與環境方面的全球發展。不過，全球化現象的根源在演化之中，在人類逐漸遍布地球表面的過程之中。

　　布萊德蕭基金會（Bradshaw Foundation）創造的互動數位地圖「人類之旅」（The Journey of Mankind）生動地講述了這故事。現在只要上Google就能輕易找到它。點一下滑鼠，地圖上東非的位置會出現一個紅點，代表約十六萬年前現代智人（homo sapiens）生活的區域——這是迄今考古學家發現現代智人最古老遺跡之處。在接下來的三萬五千年中，一群群狩獵採集者出發探索世界的邊際，代表他們旅程的紅線向南、西南與西方伸延，直到非洲大陸的盡頭。人類第一次出非洲之旅，是北上穿越撒哈拉、沿尼羅河而上，此

---

[1] 譯註：台灣中文版書名為《了解全球化》。

第三章　全球市集

次嘗試在公元前十萬年左右,於全球冷化中結束。第二次嘗試是在一萬年後,越過紅海海口,沿著阿拉伯半島南岸前進。這一次比較成功,非洲以外的人全都是這群人的後代。不過再一萬年後,人類已經由曲折迂迴的路徑,經印度與印尼來到中國南部。蘇門答臘島上的多峇火山大爆發,產生了千年的冰河期,地球人口因此崩跌。但到了公元前兩萬五千年左右,歐亞大陸從西邊直至東北盡頭都有人類的蹤跡,造就了一場新的大遷徙:人類跟隨大型獵物,經連接西伯利亞與阿拉斯加的白令陸橋進入北美洲。這是人類第一次,但並非最後一次移居美洲大陸。最後的冰河期在接下來的數千年裡阻止人類繼續擴張版圖,但到公元前 12,500 年左右,人類遷移的路線已延伸至地球每一個角落,從美洲的最南端到澳洲,以至北極。

德日進有關人類逐漸散布地球表面的洞見,在上述地圖上栩栩如生:代表人類探索旅程的線條逐漸伸展開來,直到最後再度相遇。而無論人類在疾病、饑荒與自然災難是多麼脆弱,早在公元前 12,500 年左右,一個勢不可擋的過程顯然已經開始。在接下來的五千年中,我們所知道的第一件陶器出現在日本。根據考古學家的發現,人類首度種植小麥也是出現在此一時期。這是人類的主食,對人口成長的支持作用比所有其他穀物(包括稻米與玉米)來得重要,過去一萬年中幫助地球人口從不足千萬擴增至逾六十億。現代智人花了十五萬年時間散布整個地球,為一種較安全、可持續的生活

方式奠下基礎。人類的歷險起初步調緩慢，但在近一萬年中已急速加快。

　　人類已知的歷史，大部分是遷徙的故事。不斷尋找更肥沃的土地與更好的食物，是驅使現代智人前進的一大動力，儘管這種尋覓不僅帶來健康與繁榮，也造成競爭與衝突。在人類最早的遷徙紀錄中，最引人入勝的故事之一是亞利安人的擴張。如今人們一般認為亞利安人是所有印歐民族的始祖。在接下來的年代裡，人類的遷徙塑造、再塑造了地球上的文化與政治樣貌。從凱爾特人到盎格魯撒克遜人、匈奴人、維京人、馬札兒人、土耳其人與蒙古人，以及經由朝鮮半島進入日本的彌生人，人類以種種方式將自己的壁毯織在地球上，聚聚散散，分分合合。在此過程中，全球化更強大的引擎出現了，那就是貿易。

* * *

　　亞當・史密斯認為人性中有一種內在的「以物易物」傾向，演化人類學證明他說得對。動物會分享食物、互相清理皮毛、保護幼小、創造社會結構與集體遷徙，但唯有現代智人發展出商品與服務的交易體系。古人類學家推測，美索不達米亞肥沃月灣（Fertile Crescent）、亞述與腓尼基的人開始製造出一些其他人群羨慕的小器具、小玩意時──例如骨雕、鹿角工具與梭鏢（atlatl，投擲用的棍棒，大大提升了矛的投擲範圍與準確度），人類最早的物品交流與交易就開始

了。後來北歐石器時代的人發明了打獵用的船，使用它們運載沉重的獵物；他們一旦掌握了運輸與交流技術，就有辦法進行貿易。

最早用船交易的商品之一是黑曜石（火山熔岩迅速冷卻後形成的一種黑色玻璃），這種石頭可輕易製造成切割工具與武器。在希臘大陸上發現的一些有一萬兩千年歷史的黑曜石片，據稱是源自離大陸一百哩的米洛斯島（Melos）上的火山。到公元前三千年時，蘇美人（Sumerian）農夫已開始拿他們的穀物，交換來自西邊數百哩外西奈沙漠的銅。這是早期貿易的典型模式：住在河谷的農民，拿穀物跟山區的牧人交換金屬。此外，無可避免的是，貿易本身不久之後就成了一門專業。

公元前一千年，世界上出現了第一批貿易專家。隨著文明從幼發拉底河向西傳播至埃及與希臘，紅海貿易路線興起，成了媲美波斯灣的商業大動脈，並令後者黯然失色。腓尼基人主宰了這條貿易路線，他們當時已定居今天的黎巴嫩。腓尼基人身處肥沃月灣中央區域，這裡長滿了適合造船的樹木，他們因此享有無與倫比的戰略與自然優勢。在聖經《列王記》第一部分中，所羅門王得自俄斐（Ophir，可能位於印度次大陸）的大量黃金，是由希蘭（Hiram）的船隊運送的。希蘭是腓尼基最主要城邦推羅（Tyre）的國王。約從公元前900年前起，腓尼基人的殖民地遍及整個地中海地區：從塞普勒斯到薩丁尼亞、馬爾他、西西里、伊伯利亞半

島到迦太基,腓尼基人的迦南神均受膜拜。他們是那時代最優秀的航海家,擅長利用「腓尼基星」(北極星)的嚮導於夜間航行。他們在海中顛簸前行、浴缸形的商船體積龐大,使用四方形的帆,風變弱時則划槳,估計可載重逾四百噸。公元前400年時,腓尼基人據稱經常航行於西歐多數海岸,以及西非與東非沿岸。隨著航程拉長,令古代君王心醉神迷的稀有物品變得較易取得。

　　商品來自遙遠的國度,光是這一點就足以令它魅力十足。金融歷史學家威廉・伯恩斯坦(William J. Bernstein)在他2008年的著作《輝煌的交易:貿易如何塑造世界》(*A Splendid Exchange – How Trade Shaped the World*)中,以公元三世紀中國絲綢的故事加以說明,當時羅馬貴族階層如何為之瘋狂。在那時代,歐洲人的衣服主要由動物皮革或羊毛製成。皮革很重,羊毛粗糙,而當時棉布很難製造,極度昂貴。相對之下,絲綢比棉布便宜、輕、柔,幾乎可染成任何顏色,穿起來又舒服,難怪羅馬的有錢人一見之下興奮不已。但他們對出產絲綢的中國一無所知,以為絲是桑樹上直接長出來的。絲綢貿易路線極長,必須分多段運輸。三世紀時運往歐洲的絲綢,多數是從中國經海路先運到斯里蘭卡,接著由印度商人運到印度大陸,交給希臘與阿拉伯貿易商,用船運到今葉門境內的索科特拉島(Socotra),再由希臘商船接力,經過紅海運到埃及,然後讓駱駝背著穿越沙漠,抵達尼羅河。最後一程,是由義大利船隻在亞歷山卓港接手,

第三章 ▶▶ 全球市集

將絲綢運到羅馬附近的貨港,如奧斯蒂亞(Ostia)。生產絲綢的中國人幾乎從不跨出斯里蘭卡以外的範圍。經過這麼多路程的運輸,有關絲綢的資料難免愈來愈貧乏,最後就只剩下絕妙、稀有及極度難得等形容詞——奢侈品向來也就是以這種說辭行銷的。

異國香料的貿易尤其如此。在中世紀的歐洲,世上最珍貴的商品是肉桂、荳蔻粉、荳蔻乾皮與丁香。這些香料的供給路線代表了早期世界的商業聯繫。香料貿易產生的利潤是一些世界奇景的資金來源,例如威尼斯的公共建築主要就是靠這種資金興建的。這些香料因為稀有而身價不凡,它們成為一種身分的象徵,除了因為香味外,同樣重要的是它們的身價與神祕面紗。丁香僅生長在今印尼東部北摩鹿加群島五個小島上,荳蔻則僅長在南摩鹿加群島九個小島上。肉桂來自斯里蘭卡,這是當時歐洲人所知的世界盡頭。最受青睞時,肉桂花汁的價值等於同重量的黃金。肉桂、荳蔻與丁香出現在歐洲後接近千年的時間裡,消費者並不知道它們的來源。紅海、波斯灣與絲綢之路這三條貿易路線,全都掌握在穆斯林的貿易商手上,不受歐洲商業國家控制。

不過並非所有香料均為頂級奢侈品。較大的商船需要東西壓艙,而商人不愁賣不掉的一種壓艙物就是胡椒,產自與印度西南部馬拉巴爾海岸平行的西高止山脈。整個古代歐洲均需要胡椒,用來為一種以大麥和小麥煮成的羅馬粥類食物調味。胡椒這商品在歐洲隨即大獲成功,整個羅馬帝國以及

侵略羅馬的形形色色異族人莫不喜歡這香料。阿拉里克一世（Alaric I）[2]據稱就特別喜歡胡椒。

至少從公元五世紀起，歐洲偏遠角落例如不列顛群島已在使用胡椒。1992年，英國薩福克郡發現霍克森寶藏（Hoxne Hoard），是英國境內歷來出土最豐富的羅馬寶藏。這批文物出土翌日運到大英博物館，清理乾淨後，在一萬五千枚錢幣中，最為光彩奪目的是四個銀製的胡椒罐。其中最精美的一個，是以羅馬時代晚期女王半身像為造型的罐子。女王的珠寶與華麗服飾細細鍍金，左手拿著一個卷軸。這個罐子的底部有一個圓片，可調三個位置：完全關閉或完全打開（裝胡椒粉時使用）以及打開小孔（撒胡椒粉時使用）。這個胡椒罐的主人，很可能是某個有權有勢的羅馬人，但銀罐裝的東西結果，遠比主人更廣為人知。隨著時間的推移，對貿易影響日益重大，並促使貿易全球化的，正是大部分民眾的需求。

十五與十六世紀是航海大發現的年代，舊世界發現了新大陸，隨之而來的是世界經濟真正開始全球擴張。美洲大陸為歐洲打開了新的財富大門，大量黃金與白銀隨著其他商品源源不絕運往歐洲。西班牙國王斐迪南1511年在寫給新大陸殖民官的信中這麼說：「奪取黃金，可能的話做得人道

---

[2] 譯註：西哥德人首領，第一個征服羅馬的日耳曼人，公元410年率軍劫掠羅馬。

點;但不管得冒任何危險,記得奪取黃金!」不久之後,黃金與白銀就開始東渡大西洋,而流向歐洲:1513年,巴波亞(Balboa)替西班牙佔得巴拿馬地峽;1519年,科爾蒂斯(Cortés)征服墨西哥;1531-34年,皮薩羅(Pizarro)傾覆印加帝國。自1531年起的四十年中,祕魯運往西班牙的貴金屬,估計有1億塊黃金,白銀則為黃金的兩倍。新大陸的金銀大量湧至,令歐洲經歷了一次大震動,左右了歷史的前進方向,最終為今天的全球化現代經濟體奠下基礎。

在接下來的150年中,從十六世紀初至十七世紀中葉,西歐經歷了一場價格革命:通膨高漲,物價平均上漲六倍。原因何在?首先最主要的因素是,西班牙的寶船從新大陸運來大量金銀:相對於商品供給,貨幣實在太多了。此外,當時商品的供需模式也正在改變。無論是農產品或工藝品,為供應貿易開拓出來的新市場,人們生產更多商品滿足市場需求,而非僅僅維持生計。但因為貿易通訊路線相當脆弱,很容易受干擾,一旦出現供給短缺或中斷的情況,價格即可能大受影響。在此之外,人口因素也產生作用:歐洲人口緩慢但穩定成長(愈來愈多人住在城市裡),意味著糧食需求增加。糧食生產勉力追趕,糧價因此易升難跌。

持續的通膨對歐洲影響深刻。通膨傾向促使財富向社會上層重新分配,令更多財富落在地主手上。此外,歐洲商人當時正開始取代東亞的阿拉伯與印度商人,變得日益富裕。在許多貿易城市,生活品質大幅提升。新中產階級崛起,

歷來第一次擁有可酌情使用的餘錢，以及享受這種消費的時間。這產生了種種影響，其中荷蘭與法蘭德斯（Flemish）藝術在這段期間極度興盛，見證了當時的社會變遷。

這一切刺激了人們對新奢侈品的需求，其中糖與棉料就是兩個顯例。歐洲人對糖普遍上癮，需求遠遠超過供給，難怪威廉・伯恩斯坦稱糖為「食品中的海洛因」。十五世紀時，歐洲人平均每年消費約一茶匙的糖。自十六世紀開始，糖需求量暴增。（如今茶匙已變成手推車：歐洲人現在每年平均消費逾36公斤糖。）為滿足需求，歐洲人必須為甘蔗找到適合生長的溫暖地區。新大陸熱帶地區正符合要求。哥倫布在世時，甘蔗種植區迅速從中國南部擴充至中南半島、印度與中美洲。甘蔗種植帶很快便從巴西延伸至蘇利南，越過加勒比地區到達古巴，觸發一場商業爆發，在接下來的三個世紀中成了世界經濟的主要驅動力。

棉花也很快發展成主要的貿易商品。直至1600年左右，棉布仍是與絲綢同樣貴重的奢侈品。到1650年代，棉花成為一種商業種植作物，巴貝多（Barbados）成了第一個出口棉料的殖民地。至1840年代，印度已無法供應英國工廠對棉料的巨大需求，供給源決定性地轉向美洲。基於對棉業經濟力量的敬重，美國出產的棉花有「國王棉花」（King Cotton）之稱。至十九世紀中葉，種植棉花已成了美國南部的商業支柱。

至十九世紀中葉，貿易已成為高流量的商業活動，而歐

洲是世界的貿易樞紐。貿易試驗性的起點是黑曜石、銅與錫的交易，接著是歐洲進口香料與絲綢等奢侈品，再擴展至較廣泛的糖與棉；經歷此過程，貿易的概念與實踐已在全球舞台上邁出最初的幾步，有時走得有點蹣跚。1661年，斯德哥爾摩銀行（Stockholms Banco）──瑞典央行的前身──發行歐洲第一批真正的紙鈔；1851年，倫敦舉辦世界博覽會。在此之間的190年裡，貿易發展成熟，永遠不再回頭。倫敦舉辦世界博覽會時，世界上第一個工業社會（英國）正徘徊在大眾市場消費主義的邊緣。從1850年代的曼徹斯特貧民窟，到今天的消費世界──滿是汽車、家電、全年供應的四季新鮮食物、數位相機，以及衣櫃裡來自世界各地機器製造的服飾，這段旅程只不過走了一個半世紀。

　　如此驚人的發展速度該如何解釋？這主要是三大發展趨勢匯合的結果：一、人口大規模遷移；二、連串新發明驅動工業革命；三、貿易。在十九世紀，這三大趨勢彼此連結，相互促進，促使商品的供給、需求與貿易量大幅成長，而且涉及的商品種類日益增加，覆蓋地球表面的範圍快速擴大。

* * *

　　拜都市化之賜，許多國家在十九世紀出現大規模的人口國內遷移。英國在這方面領先全球，為各國示範了城市化的步伐與模式。如今城市化趨勢在開發中經濟體正持續進行中。工業革命改變了生產模式，工作由小型家庭工場轉移

至雇用成千上萬名工人的大工廠；在當年公共與私人交通均不便利的情況下，工人必須住在工廠附近。成長最快的城鎮位於容易取得水和／或煤的地區，1850年之前的數十年裡，許多城市的相對重要性因此迅速改變。工業化促成像伯明翰這樣的新城市崛起，諸如切斯特（Chester）與愛塞特（Exeter）等郡城相對變得沒那麼重要。從十九世紀中葉起，英國的城市等級大致底定，主要製造中心與港口居主導地位，而且此後就基本維持這格局。

這一切彰顯在統計數據上。1801年英國首度人口普查時，僅20%左右的人住在城市裡。至1851年，這比例已升至逾50%，而1881年時更已增至約75%。1851年時，英國主要城市為倫敦（人口260萬），以及格拉斯哥、利物浦、曼徹斯特與伯明翰（人口各約35萬）。1900年，倫敦人口已超過600萬，另外四大區域城市則各有逾50萬居民。整體而言，在1851至1891這四十年間，英格蘭與威爾斯城市人口增加一倍以上，從略低於1,000萬增至近2,200萬。隨著經濟日益機械化與強大，許多人被迫離開農地與鄉村，移居新興的製造業中心，結果往往住進窮街陋巷，情況並不比現今新興市場國家的貧民窟好。

世界於十八與十九世紀步向全球化之際，也見證了一個更殘酷的現象：在此期間，人口的第二種大規模遷移是奴隸交易。新大陸的甘蔗與棉花種植園需要可靠的勞動力，而且是必須能在嚴酷環境工作的勞動力。解決方法是將奴隸商品

化。非洲奴隸交易歷史悠久：非洲人在慘無人道的環境下，被強制運送至新大陸當奴隸，至少持續了四百年。這是歷史上唯一重要的大規模人口強制遷移（當然，歷史上也曾出現人群被強制驅逐的事件）。有多少非洲人被運到新大陸呢？現今人們一般接受的估計在1,000萬至1,200萬之間。無論確切的總數是多少，人們普遍同意，奴隸交易在廢止前的最後一百年中達至高峰。1750至1850年間，約700萬非洲人被強制運往新大陸，相當於英格蘭1850年約一半的人口。奴隸交易迄今仍是整個人類史上最嚴重的道德罪行之一。

　　十九世紀出現了第三種人口大規模遷移：歐洲農民與勞工跨越大西洋，移民至新大陸。他們受交通條件大幅改善激勵，加上在本國的城市裡找不到工作，紛紛移民美洲：1846至1940年間，約5,500萬歐洲人移民新大陸，其中三分之二去了美國。（其他主要目的地有阿根廷、加拿大、巴西與古巴。）許多歐洲人——主要是愛爾蘭人、蘇格蘭人、英格蘭人與德國人——是以契約奴工（indentured servant）[3]的身分前往美洲的，他們是雇主從歐洲數目日增的失業窮人中招聘的。

　　澳洲與紐西蘭也是歐洲人的重要移民標的。1788年1月26日，英國海軍上將亞瑟‧菲力浦（Arthur Phillip）率領第

---

[3] 譯註：與雇主簽訂契約，雇主負擔前往新大陸的旅費以及工作期間的衣食住行，工人則於契約期間服苦役。

一艦隊，帶著1,350名囚犯抵達雪梨灣，自此之後，澳洲就成了不列顛群島民眾的移民新目標。1815年起，隨著幾乎免費的新土地開墾為農地，移民加速湧入。1851年發現黃金，來自歐洲、北美與中國的移民潮再度興起。1850至1860的十年間，不列顛群島約2%的人口，移民至新南威爾斯與維多利亞。

亞洲也有一些大規模的人口遷移，但紀錄較不完整。1800至1949年間，中國的大規模人口移動主要是中國大陸上的戰爭、政治腐敗、貧困與剝削造成的。這方面並無書面的統計數據，沒有人知道，在奴隸交易廢止造成新大陸勞力短缺後，中國有多少不識字的農民與苦力前往美國、澳洲、紐西蘭、北非與西印度群島。這些人很可能數以百萬計。歐洲商人亟欲以來自中國與印度的契約奴工替代非洲奴隸。英屬圭亞那[4]一名種植園主在中國勞工身上找到了他想要的特質：「強壯的體格、熱切希望賺錢，自小就習慣了苦役」。(《炎黃子孫：海外華人的故事》〔*Sons of the Yellow Emperor*〕作者潘翎在一篇文章中的引述。）大量沒有特別技術的中國勞工賣身為苦力，換取養家的錢。一些雇主承諾提供優厚薪酬與良好工作環境，誘使他們簽下三年的合約。苦力的生活極為嚴酷，許多人根本捱不了三年。根據某胡椒園的紀錄，該園請了50名苦力，六個月後活下來的只有兩人。而即使

---

[4] 譯註：英國在南美洲北岸的殖民地，今獨立國家蓋亞納。

他們能熬到領薪水的那天,許多人的錢還是會被騙走,因此無法完成衣錦還鄉、回到中國的夢想。

說到十八與十九世紀,人們主要會想到啟蒙運動、美國的誕生、法國大革命及隨後的拿破崙時代,工業革命以及大英帝國的崛起。但在這些戲劇性事件此起彼落之際,人類在地球表面加速流動,無比生動地闡明了德日進有關人類四處遷移、最終佔滿地球每個角落的觀點。

但這只是故事的一部分。參與這一切、提高所有事物發展速度的,是十八與十九世紀驚人的科學與技術進步。歐洲的農業生產力大幅提升,英國的進步尤其突出。這當中有兩大原因。首先,崛起的中產階級為尋找安全的投資而購入農地,他們比歐洲其他地方的地主更注重營利,因此比較容易接受新技術。第二,農業科學發現,以往將田地劃分四塊,每年輪流讓一塊地休耕的方式可以改進:本應休耕的那塊地可以用來種苜蓿與蕪菁。農作物收成增加,農民就能飼養更多牲畜,為人的飲食供應更多蛋白質,改善人類健康,人口因此增加。這種新的農業模式需要更大片的農地,公有土地因此在圈地運動中被佔用了,許多人只好前往新興的城市尋找工作與居所。在那裡新的紡織廠正為他們敞開大門。

如果說農業方面的新發展釋放出勞動力來支持工業革命,那麼技術上的創新可說是工業革命的核心。來自印度的廉價進口品,迫使英國紡織業者開發生產國產布的更快方法,他們因此發明了飛梭與多軸紡織機。水力織布機將紡織

品生產速度提升一倍，英格蘭的河岸因此很快就排滿了紡織廠。待河岸已擠滿紡織廠，又或者靠水力已不夠快時，蒸汽機登場，滿足了紡織業者進一步提升效率的需求。而蒸汽機的發明，說起來有賴另一項技術進步：機械化大型風箱更有效地將空氣送進熔爐，因此生產出更純、更堅固的鐵。

蒸汽與紡織技術、煤、迅速壯大的勞動力、原物料豐富的帝國、優秀的商業與海軍艦隊、可航行的內陸河道網及（後來的）鐵路網，以及可供投資的大量資本盈餘，這一切結合起來，使英國在一段時間內成了全世界商業最蓬勃發展的地方。

結果是一場觸發巨變的革命，受影響的不僅是人們的生活與工作環境，還有家庭與社會結構。工業革命的能量驅動新技術的持續連鎖反應，約從十八世紀起，一直延續到現在。這些巨變當然並非僅限於歐洲，其力量擴及全球，根本改變了人類的生活方式。

想想一百年前的世界。首度出現的全球經濟體已運作了一個世代，貿易聯繫已牢牢建立，供給與需求網絡從大型貿易中心擴散至世界每個角落。拜新的保存技術所賜，南北美洲大草原出產的肉品與穀物可供應給歐洲消費者，而歐洲則以出口工業製品來償付進口品。加州大學柏克萊校區經濟學教授布拉福・德隆（J. Bradford DeLong）曾描述芝加哥以西地區的穀物收成，如何影響烏克蘭奧德薩與德國漢堡的糧價，而紐西蘭奧克蘭的羊肉價格也會影響倫敦的肉價。第

一次世界大戰爆發前的年代,英國的出口約75%為工業製品,其中一半是紡織品。到1910年時,商品與服務出口佔英國、澳洲與加拿大國民產值逾四分之一,在德國則可能佔五分之一。

鐵路與汽船對這段時期的貿易迅速成長至關緊要。十九世紀之前,運輸成本相當高,除了高價值、小體積的商品之外,其他貨品的貿易通常划不來。運費之外,關稅與其他貿易障礙也妨礙商品貿易。就多數商品而言,運輸成本超過商品在出產國的價格,而且往往是大幅超過。進入十九世紀後,運輸成本開始大幅下滑。此外,英國開始削減關稅,而許多歐洲國家也紛紛跟隨。國際貨幣基金前第一副總裁安妮・克魯格(Anne Krueger)估計,1870至1900年間,主要生產國的所得增加了一倍;世界貿易量則快速成長,1870至1914年間年均成長3.4%。

但是隨著第一次世界大戰的爆發,博蘭尼所稱的「百年和平」結束了。西方富裕的工業國掉進了一場爭鬥,耗費了五十年才恢復元氣。根據克魯格的形容,國際經濟進入二十世紀時,「商品、服務與資本的流動是人類史上最自由的」。但隨之而來的,卻是貿易與金融聯繫驟然中斷。第一次世界大戰之後,國際經濟的復甦步履蹣跚,不過是走了幾步,就在大蕭條中再度崩潰。法西斯主義興起是這場崩潰的直接後果之一,接下來便是恐怖的第二次世界大戰。邁向全球化的百年之路在此回頭,直至1950年代才得以開始持續

復甦。全球化的故事重新開始時，獲得強大的新動力（見第四章），情況有如國際企業的精靈困在瓶中近半個世紀，期間壓力一直慢慢增加。

不過，我們在此先得審視貨幣與資本在這一切中的角色。

* * *

打從一開始，資本便是商業固有的要素，是貿易必要的潤滑劑。即使在史前時期，在共同的價值衡量與交易媒介出現前，信貸活動很可能就已存在。根據人類學證據，史前時期最早的借貸，是借貸種子或動物，兩者皆是出於生產的目的。種子會長出作物，動物會繁殖，兩者最終皆可連本帶利償還。以動物衡量財富的概念，植根於現代金融語言的詞源中。例如，「capital」（資本）、「chattels」（動產）與「cattle」（牛）三者就擁有共同的詞源，而「pecuniary」（與錢相關的）則源自拉丁文pecus，意思是「羊群／畜群」。古希臘人以牛為衡量貴金屬的單位：在荷馬史詩《奧德賽》中，珀涅羅珀（Penelope）的其中一位追求者承諾帶給奧德修斯「價值20頭牛的青銅與黃金」。

在歷史開始有文字記載的最早期，須付息的貸款就已相當常見。我們知道這一點，是因為公元前一千八百年左右，古巴比倫國王漢摩拉比（Hammurabi）將借貸規定編入了法典。這是我們所知的最古老的信貸規則之一。根據漢摩拉比

第三章 ▶▶ 全球市集

法典,所有借貸必須在政府指派的官員面前,以書面記錄下來;此外,穀物借貸最高年利率為33.3%,以實物償還。事實上,隨著牛與穀物的數量超過消費需求,它們為人類提供了一種原始的貨幣。它們是具足夠價值與一致性的商品,可以成為其他商品的標準交易媒介。人類曾經拿來當貨幣用的東西很多,包括琥珀、珠子、貝殼、鼓、蛋、羽毛、鑼、鋤、象牙、玉、壺、皮革、毯墊、爪、牛、豬、石英、米、鹽、頂針與zappozap(一種裝飾華麗的斧頭)。二十世紀開始很久之後,俄羅斯大草原上的吉爾吉斯人還是以馬匹做為他們的主要貨幣單位(找零錢則用小羊皮)。在第二次世界大戰的戰俘營中,香菸也被當成貨幣使用。

不過真正的貨幣體系當然更有效率。貨幣在其歷史中,大部分時候是伴隨著商品交易出現:最初是世界上少數老練的貿易商使用的一種先進體系(迄今所知的最早錢幣,出自以弗所〔Ephesus〕[5]的阿提米斯神廟〔Temple of Artemis〕[6],可追溯至公元前600年);然後從十七世紀起(西班牙價值8里耳〔real〕的銀幣全球通行),類似今天我們所熟悉的全球鈔票與硬幣體系開始出現。歷史學家尼爾・弗格森(Niall Ferguson)在他2008年的著作《貨幣崛起:金融資本如何改變世界歷史及其未來之路》(*The Ascent of Money: A Financial*

---

[5] 譯註:古希臘人在小亞細亞建立的一個城市,今土耳其境內。
[6] 譯註:阿提米斯是希臘神話中宙斯與利托的女兒,太陽神阿波羅的孿生妹妹,月亮女神與狩獵的象徵。

History of the World)中,概括了得以有效運作的貨幣,所必須具備的六項特質:具有供給性(availability)、可得負擔(affordability)、具耐用性(durability)、可相互交換(fungibility)、便於攜帶(portability),以及具可信賴性(reliability)。數千年來,黃金、白銀與青銅符合這些條件,自羅馬時期起就按照其稀有程度按次序排列,如今金、銀、銅在運動世界裡,也是第一、第二與第三名的同義詞。

貨幣的故事,是從商品發展至鑄幣,再到代表性貨幣(representative money),最後到二十世紀的法定貨幣(fiat money,價值完全倚賴政府的支付承諾,背後沒有任何其他商品例如黃金的準備支持)的故事。這故事中的「引爆點」是代表性貨幣的成長:將價值感(sense of value)從可用的實物移轉成抽象的價值標誌,代表社會與群眾心理向前邁出關鍵的一步。代表性貨幣的例子,包括古埃及糧倉發出的收據、中國七世紀時的紙幣、英格蘭金匠銀行家(goldsmith bankers)[7]發出的收據、基於貿易商品的匯票,以及近代各種以金或銀支持的紙幣或金屬貨幣。

貨幣大大提升了商品買賣的效率。倘若沒有貨幣,各種商品以物易物,會產生多種不同的交換方式與價格。有了貨幣做為交易媒介,每一種商品就只會有一種價格。貨幣提供了一種計價單位(使物品的價值更容易評估)與價值儲存

---

[7] 譯註:十七世紀起英格蘭替商人保管貴金屬、收取服務費的金匠。

（讓人們得以進行遠程與跨越不同時間長度的交易），大幅提升了經濟效率。貨幣也讓人們便於準確記帳，為銀行業奠下爆炸性成長的基礎。

　　基本的銀行業務老早就已出現。遠在人類發明貨幣之前，人們就已經在放貸、儲蓄與交換。在公元前第三個千年，這些活動是透過廟宇進行的。儲蓄的東西最初是穀物，然後是其他商品，如牛，再接下來是黃金。財富的移轉變得較為簡便，在一個地方的儲蓄，可以在他地提取。例如公元前四世紀埃及落入希臘人的統治後，政府的糧倉被改造成以亞歷山卓為中心的「糧食銀行」體系，主要帳目由亞歷山卓負責維護。不到一個世紀之後，愛琴海的提洛島（Delos）成了重要的銀行業中心：人們以信貸收支代替現金交易，銀行為每一位客戶記錄帳目。隨後羅馬人改進了銀行業經營方式，並加強對金融交易的規範，包括制訂有關放款收息與存款付息的規範。羅馬帝國覆亡、黑暗時代來臨中斷了這一切。隨著文明崩壞與社會聯繫萎縮，歐洲基本上放棄了銀行業。

　　中世紀時，銀行業復興於義大利的城市。尼爾・弗格森描述了佛羅倫斯著名的梅迪奇（Medici）家族，如何靠銀行業經營成就取得世襲貴族地位與政治權力。該家族十四世紀的「祕冊」（libro segreto），是一絲不苟的帳目紀錄，一邊是準備與存款，另一邊是放款與商業票據，核心業務是匯票。匯票業務讓貿易債權人以某幅度的折價即時取得現金，

銀行隨之接收債權,並於日後收回現金。銀行的利潤來自匯票的折價。1420年,科西莫‧梅迪奇(Cosimo de' Medici)接手生意時,梅迪奇家族銀行在威尼斯與羅馬有分行,科西莫後來將分行據點擴充至日內瓦、比薩(Pisa)、倫敦與亞維農。此一義大利體系呈現為北歐國家最成功的模範:荷蘭人、瑞典人與英國人,後來均對銀行業發展有關鍵性的貢獻。創立於1609年的阿姆斯特丹匯兌銀行(Amsterdam Exchange Bank)開創了直接轉帳業務,讓客戶不需要使用實體貨幣就能交易。1656年,瑞典中央銀行(Swedish Riksbank)發明了部分準備銀行模式(fractional reserve banking),也就是銀行只需要保留存款的一部分為準備,餘者可用於放貸。這促進了銀行創造信貸的能力。1742年,英格蘭銀行(Bank of England)部分壟斷了鈔票(無利息的本票)的發行,讓交易各方不需要銀行往來帳戶就能交易。貨幣與銀行業的發展,為放貸與投資創造了多種新可能。

而世界也因此變得更美好。在公眾對金融市場的信任跌至谷底之際,我們必須提醒自己勿忘弗格森所說的以下基本事實:「沒有貨幣的世界會比我們目前的世界差,而且是差很多。(像莎劇中的安東尼奧那樣)將所有放貸者視為不過是壓榨不幸債務人的吸血鬼,是錯誤的觀念……簡而言之,信貸與債務是經濟發展不可或缺的組成要素,對創造國家財富的作用,跟採礦、製造業或行動通訊同樣重要。」

但貨幣與資本的角色總是充滿爭議的:有些人比其他人

擁有更多，債務與利息必須償還，而借錢可能是迫不得已的。這些會引來宗教與哲學領袖的種種道德責難，對銀行業的面貌產生重大影響。

猶太教與基督教早期教義敵視放貸收息的行為。五世紀時，奧古斯丁就曾於著作中稱「放貸收息」（usury）[8]是個罪行。在精力旺盛的教皇亞歷山大三世領導下，1179年的第三次拉特蘭會議（Third Lateran Council）重新確立了以下觀點：「放貸收息的罪行幾乎在所有地方均已根深柢固，許多人忽略其他事務去放貸收息，好像這是獲得允許的，完全不理會《舊約》與《新約》均禁止放貸收息之事實。我們因此宣布，惡名昭彰的放貸收息者不得參與領聖餐禮，死時若未悔改，亦不得以基督教儀式安葬。」

到了1311年，教廷的立場變得更為強硬：教皇克雷芒五世全然禁止放貸的收息，宣布支持放貸收息的世俗法規全部無效，對放貸收息的辯護全屬異端邪說。但丁在《神曲》中，讓放貸收息者被禁錮在地獄第七圈的內環，受燃燒的沙漠煎熬，可說是反映了當時的時代精神。

猶太人也禁止放貸收息，但僅限於本族之內：「只可向外族人，但不能向兄弟收取利息。如此，在你要去安家的地方，耶和華你的上帝才會事事賜福。」（《申命記》，23:20-21）

---

[8] 譯註：Usury的原意是「向借款人收取利息」；在放貸收息的行為廣為人們接受後，此詞的意思轉變為「高利貸」。

這意味著猶太人可以向非猶太人放貸收息。如詹姆斯・卡羅（James Carroll）在他2001年的著作《君士坦丁之劍：教會與猶太人》（*Constantine's Sword: The Church and the Jews*）中指出，這並非猶太人被視為歐洲典型放貸者的唯一原因，但卻是一個關鍵的原因。其他因素還包括猶太人被禁止擁有土地，因此比基督徒更容易四處遷移。社會規則鼓勵他們到處跑，猶太人因此成了有用的貨幣攜帶者，以及貨幣兌換的好幫手。此外，宗教習俗令他們在社會中處於邊緣地位，他們因此能與顧客保持有用的職業距離。最著名的放貸者——莎劇《威尼斯商人》中的夏洛克（Shylock）就這麼說：「我可以跟你們一起買賣、跟你們聊天、跟你們散步，跟你們做諸如此類的事，但我不能跟你們一起吃喝，也不能跟你們一起祈禱。」

猶太人並非中世紀唯一的放貸者。在世界其他地區，基督徒也扮演這角色。例如亞美尼亞人是世上最古老的基督教社群之一，他們便成了為（伊斯蘭）土耳其人服務的銀行業者。奧圖曼帝國的擴張，就非常仰賴一群亞美尼亞銀行家的融資。但放貸者在任何社會幾乎都是不受歡迎的。如果放貸者在文化上屬外人，大眾的偏執與忿恨在社會緊張時期，可以衍生出可怕的暴行。歐洲猶太人的境況尤其惡劣，忿恨與宗教歧視不時惡化成對猶太人恐怖的集體迫害，所有歐洲國家幾乎無一例外。這種迫害在二戰期間納粹德國對猶太人的大屠殺（Holocaust）中達到頂點，這將是歐洲永遠的道德

污點。

敵視放貸收息的不僅是猶太教與基督教，還包括對歐洲思想影響深遠的亞里士多德。亞里士多德雖然是公元前四世紀的人，但他的著作在此後多個世紀中主導著知識界。從古代至文藝復興時期，他的影響一直在擴大。人們將亞里士多德的著作翻譯成拉丁文、古敘利亞語、阿拉伯語、義大利文、法文、德文與英文。他的思想對伊斯蘭哲學有重大影響：阿拉伯哲學家中最著名的阿威羅伊（Averroës），就曾嘗試將伊斯蘭神學與亞里士多德理性主義綜合起來。中世紀最富影響力的其中一位猶太思想家邁蒙尼德（Maimonides），則為猶太教創造了一個類似的綜合體。在基督教思想世界，融合亞里士多德哲學最著名的作品，當數十三世紀學者托馬斯·阿奎納（Thomas Aquinas）的《神學大全》（*Summa Theologica*）。在放貸收息這問題上，這些學者基本上全都遵循大師的觀點：「放貸收息是靠金錢本身賺取利潤，而不是讓金錢發揮其正常作用。這種取財方法是人們最厭惡的，而且厭惡得非常有道理，因為金錢的原意是做為交易媒介，並不是用來產生利息的」（亞里士多德，《政治學》，卷一）。

亞里士多德斷言放貸收息是完全不自然的，毫無良善可言。金錢是「寸草不生的」：它本身不能創造出任何東西來，因此沒有權利獲得任何獎賞。在早期有關商業道德的神學議論中，亞里士多德式的反對觀點非常普遍。事實上，即

使是在今天,基督教針對金融的評論,往往仍有亞里士多德的影子。中世紀基督教對歐洲的影響達到頂峰時,對商業與金融的態度建基於一種猶太傳統與希臘世界觀,前者認為放貸收息富剝削性質,後者則認為這是違反自然的行為。難怪結果是明確地敵視放貸收息。

伊斯蘭教的觀點也毫不含糊。先知穆罕默德在世期間,伊斯蘭教對放貸收息的批判態度就已牢牢確立。《可蘭經》最初是以「里巴」(riba)這詞講利息的,其字面意思是「過度／過分」。

> 吃利息的人就像中了魔的人一般,因為他們宣稱買賣跟放貸收息是一樣的。但真主准許買賣卻禁止收息。奉到主的教訓後,就遵守禁令的,得已往不咎,他的事歸真主判決。再犯的人,是火獄的居民,他們將永居其中。(《可蘭經》,2:275)

至七世紀末,禁止利息已成為伊斯蘭經濟體系根深柢固的一項運作原則。符合伊斯蘭教法的金融業務,雖然遠遠說不上在伊斯蘭世界全面通行,但近年有大規模復甦的勢頭。伊斯蘭金融強調投資,風險由投資人與企業家共同承擔,至於放貸收息則仍是禁止的。

在中國,官僚與地主對金錢與經商也抱持懷疑態度。主流的儒家思想明顯敵視營商逐利的整個過程,認為這本質上就是險惡與不可信賴的。《論語》的說法就相當高傲:「君

子喻於義，小人喻於利。」（君子懂得的是義，小人懂得的是利。）儒家弟子本能地知道逐利動機力大無窮，可造成巨變；中國人對這股力量的抵制，明顯呼應歐洲對放貸者的厭惡。兩地的這種敵意來自於兩個層面：上層階級疑懼商業活動可能動搖社會的既有秩序，以及窮人經常忿恨在債務中沒頂。

但是在歐洲，社會上並沒有單一的強大力量足以抑制商業活動，思想觀念與社會現實之間的矛盾因此日趨嚴重。十五世紀起，隨著貿易開始蓬勃發展，社會對貸款的需求顯著增加。在有些不自在的情況下，神學家對商業活動開始設法通融，辦法是找出那種不算是放貸收息、可以允許的融資方式。但是，最終促成關鍵性的突破，為放貸收息找到一個可接受角色的，仍得是一位富革命精神、跟城市的新商人階級思想相通的神學家。

這位神學家便是約翰・喀爾文（John Calvin）。他頭腦清楚、冷靜、勇敢，是法文大散文家，十六世紀中葉歐洲主要金融中心日內瓦的實質統治者。喀爾文簡單直接地處理有關金融邪惡之正統觀念，直率地表示《舊約》已不再有意義，因為一個新的基督年代已取代了以色列人的古老社會。新的律法是愛的律法。借貸雙方若基於良好的商業理由、以合理的利率安排貸款，我們是沒有理由反對的。喀爾文寫道：「放貸收息如今不再是不正當的，除非它違反了衡平與友愛精神。」這是非常根本的觀念轉變，儘管還遠遠說不上

是在鼓吹自由市場體制。在此同時,有關天職(vocation)[9]的觀念也出現同樣根本的轉變。在宗教改革運動之前,天職之概念僅限於神職。馬丁・路德擴充此概念,認為世俗角色也可以是天職,但僅限於簡單的農業與工藝活動。喀爾文向前邁出極大的一步,認為你如果有錢,你就是上帝的僕人,必須運用託付在你手上的東西。這意味著投資與銀行業務,可以是宗教上正當的活動,放貸者可以為教會與社會所包容。

接下來的觀念大躍進,則是源自十八世紀偉大的蘇格蘭經濟學家亞當・史密斯。如果說喀爾文替放貸者在天國中爭得一席之地,那麼史密斯可說是替商業與金融世界奠下了跟自然世界同樣穩固的道德基礎。拜史密斯的成就所賜,和他同代的艾德蒙・柏克(Edmund Burke)才能宣稱:「商業法則是自然的法則,因此也是上帝的法則。」

史密斯做了些什麼?他是首位徹底了解競爭重要性的經濟學家。當然在此之前,人們已認識競爭之事實,但思想領袖譴責這不過是一種好鬥的貪婪,完全違背基督徒生活的精神。史密斯則認為,在經濟進步的過程中,競爭扮演著核心角色。在他1759年的著作《道德情操論》中,史密斯引述「看不見的手」(invisible hand)這個著名的譬喻,後來

---

[9] 譯註:原意為「神召」,十六世紀歐洲宗教改革運動之後,意思擴充至涵蓋世俗職業。

人們普遍這麼理解這概念：如果每一位消費者都能自由選擇買些什麼，而每一位生產者都能自由選擇賣些什麼以及如何生產，市場將可達至良好的分配與價格模式，有利於社會每一位個體成員，因此也有利於社會整體。自利動機會驅使個體做有利於集體的事。對最高利潤的追求，會驅使廠商採用高效的生產方式。降價競爭的壓力會壓低價格。必要、有益的產業可得較佳報酬，因此自然能吸引投資人的投入，放棄那些邊緣或低效、報酬較遜的產業。學生會準備投身最有利可圖的職業——最有利可圖意味著它們是社會最需要的。這整個過程是自發形成的，它會自動發生。在無形之手這觀念下，商業的對錯問題似乎連提上議程討論都沒有必要。神學看來已失去其由來已久的商業道德仲裁者角色。（至於替代它的是什麼，則並不清楚。如稍後章節所述，這是我們至今仍未解決的問題。）

如果說亞當‧史密斯奠定了全球化第一基本原則（基於自由競爭的自由市場至關緊要）的基礎，那麼另一基本原則就是政治經濟學家大衛‧李嘉圖（David Ricardo）所提出的。李嘉圖於巴斯（Bath）度假時閱讀史密斯1776年的著作《國富論》，深受啟發，1817年出版了他最著名的《政治經濟學及賦稅原理》(*Principles of Political Economy and Taxation*)。他在書中提出「比較利益法則」(law of comparative advantage)，成為詮釋貿易如何裨益貿易雙方的經典論述。李嘉圖證明，如果有兩個國家均能生產某兩樣商

品,即使其中一國生產這兩樣商品的效率均高於另一國,只要兩國集中生產自身生產效率相對較高的商品,兩國就這兩樣商品展開貿易對彼此有利。他舉十九世紀英格蘭與葡萄牙之間的葡萄酒與布匹貿易為例。無論是葡萄酒還是布,葡萄牙均能以低於英格蘭的絕對成本生產。但對英格蘭來說,生產布匹的效率遠高於生產葡萄酒(考慮到氣候因素,這並不奇怪)。因此,雖然葡萄牙能以低於英格蘭的成本生產布匹,但對葡萄牙來說,更有利的做法是集中生產葡萄酒,以出口葡萄酒交換英格蘭出產的布。結論是每個國家專注生產自身具比較優勢的商品,彼此均能因此得益。李嘉圖的論點迄今仍是國家之間商品自由流通的理論基礎。

在不到六十年的時間裡,競爭與自由貿易的觀念就已在知識界找到最可靠的擁護者。史密斯與李嘉圖為全球化工商業世界確定了理論路線,但這航程並非一帆風順。

* * *

反對聲浪持續不斷,非常強大,從哲學、社會科學延伸至文學領域。根源可追溯到浪漫主義晚期思潮對工業化的反抗──歌德的自然哲學、威廉・布雷克(William Blake)在詩作中提到「惡魔般的黑暗工廠」、威廉・華茲華斯(William Wordsworth)在《抒情歌謠集》(*Lyrical Ballads*)中對機械化心靈「嚴酷呆滯」(savage torpor)的攻擊,堪稱是罄竹難書。在十九世紀,隨著時間的推移,反商業火

炬傳到其他文學要角手上,他們包括伊麗莎白・蓋斯凱爾（Elizabeth Gaskell）、勃朗特（Brontë）三姐妹、伊莉莎白・巴雷特・布朗寧（Elizabeth Barrett Browning）與威廉・薩克雷（William Thackeray），以及尤其重要的、工業時代的兩位偉大小說家：英國的查爾斯・狄更斯（Charles Dickens）與法國的埃米爾・左拉（Emile Zola）。在他1854年的作品《艱困時代》（*Hard Times*）中，狄更斯如此地描述他所虛構的工業悲慘世界的焦煤鎮（Coketown）：

> 這小鎮裡滿是機械與高聳的煙囪，沒完沒了地吐出煙來，像一直追著自己尾巴的蛇，永遠蜷曲著。鎮裡有一條黑色的運河，還有一條浮著惡臭染料的紫色河流。一堆堆建築物裝滿著窗戶，一天到晚都在晃動與咯咯作響；蒸汽機的活塞單調地上下移動，如同一隻處於抑鬱狂亂狀態的大象腦袋。

三十年後，狄更斯描述的機械化單調世界，在左拉筆下成了兇猛的吃人怪物。在1885年作品《萌芽》（*Germinal*）中，左拉這麼描述他虛構的「吞噬者」（Le Voreux）礦井：

> 高爐與煉焦爐的火焰將黑暗映成血紅，但照不穿那未知的空間。吞噬者礦井像頭邪惡的野獸，蹲伏在洞底，繼續蹲伏著，慢慢喘著粗氣，彷彿肚子裡的人肉難以消化似的。

對工業革命造成的狀況極度憤慨的,不僅是小說家,恩格斯(Friedrich Engels)曾利用替家族企業工作之便,對曼徹斯特有一番考察(他的報導才華為多數人所忽略)。在《1844年英格蘭勞工階級的情況》中,恩格斯如此描述著曼徹斯特:

> 這景象……很能代表整區的面貌。橋底流過艾克河,確切地講,是淤塞的艾克河:一條狹窄、烏黑、發臭的小河,滿是垃圾與渣滓,沈積在較淺的右河岸。天氣乾燥時,河岸上會出現一長條噁心透頂、墨綠色的淤泥坑,毒氣從坑底冒起,氣泡持續浮現。散發出的惡臭,站在離河面四、五十呎的橋上也無法忍受。在這旁邊,河流本身每隔幾步就被高堰阻斷。堰的背後是堆得厚厚、腐爛著的淤泥與垃圾……橋下你可以看到陡峭左岸的庭院,裡面堆著許多破瓦殘礫、垃圾廢物與髒東西;房子一棟接一棟緊挨著,每一棟都能看見一小塊,莫不是燻得漆黑、破朽不堪、十分殘舊,窗玻璃與窗框都損壞了。

馬克思(Karl Marx)的反市場意識形態,是十九世紀標幟知識的產物之一。他的思想更為嚴謹細緻,但文字同樣的激情澎湃,非常有力。任何人想了解維多利亞時代工業體系的恐怖,都不應錯過馬克思1867年作品《資本論》第一卷第十章,它毫無保留地具體記錄了1863年的工廠情況。

第三章 ▶▶ 全球市集

他引用了《每日電訊報》的一篇報導（反映當時的普遍情況）：

> 從事花邊生產的那部分城市居民過著極其貧窮痛苦的生活，困苦程度是本王國其他地方，事實上是文明世界其他地方不曾見過的……九歲或十歲的孩子，大清早二、三、四點就從骯髒的床上被拉起來，為了勉強糊口，不得不一直工作到夜裡十、十一或十二點。他們四肢瘦弱，身軀萎縮，臉色蒼白，呆滯得像石頭人……我們抨擊維吉尼亞和卡羅來納的棉花種植園主。他們買賣黑奴、鞭笞黑奴、販賣人口，但是，這種行為比起我們為了資本家的利益，以這種慢性殺人的方式去製造面紗與衣領的裝飾品，難道更可惡嗎？

人們對理性的冷酷、機械化的暴虐、工業家的貪婪，以及對無辜者剝削提出有力的批判，見諸議論與詩歌。到二十世紀初，此類觀點已匯聚起來，在已開發世界形成一個首要的理論問題：資本體制能解決問題嗎？抑或它本身就是問題？

對諸如彌爾（John Stuart Mill）等論者而言，資本私有制是人類自由的一項必要基礎。彌爾1848年出版《政治經濟學原理》（*Principles of Political Economy*），至十九世紀末一直是最主要的經濟學課本。彌爾的核心思想是支持自由競爭，他為自由競爭的好處辯護，並鼓勵個人積極主動與承擔

責任。雖然他承認這並未免除國家保障公民安全的責任,但他僅有限地修改他大致自由放任的立場,表示有必要防止私人壟斷、適當照顧窮人,以及為兒童提供教育。

對於諸如皮埃爾‧約瑟夫‧蒲魯東(Pierre-Joseph Proudhon)等論者而言,資本主義具剝削之本質。蒲魯東是法國無政府主義哲學家,比彌爾晚出生三年,兩人的著作發表於同一時代。在1840年出版的《什麼是財產?》(What is Property?)中,蒲魯東發表了他的著名宣言「財產是盜竊」(property is theft),並提出他反對十九世紀法國盛行的許多財產權之理由。他尤其反對的,是那些讓人能有效控制另一個人的財產權。他認為資本體制是暴政機器的一部分:「資本對勞工、國家對自由所做的,正如教會對心靈的所為。這種絕對主義的三位一體,在實踐上與哲學上同樣有害。壓迫人民最有效的方法,就是同時奴役其身體、意志與心智。」(《一個革命者的自白》,1851年)

對馬克思(曾與蒲魯東為友)及其追隨者來說,資本體制本質上就是不穩定的,因為這體制中藏著自毀的種子。愈來愈多資本將集中在愈來愈少數人手上,愈來愈多勞工將領到日益微薄的薪資。競爭(包括貿易促成的競爭)將壓低薪資、價格與利潤率。馬克思認為,到某個時候,資本主義經濟結構將無法再容納社會不斷發展的生產力。資本體制將爆發危機,而這危機只能靠勞工階級(在資本體制中唯一沒有重大利益的階級)發起革命解決。馬克思既是歷史決定論

者,也是浪漫主義者(對自己記錄下來的社會異化現象與人類苦難極度憤慨),同時還是一名普羅米修斯式樂觀主義者,認為無產階級終可掌握自己的未來,實現烏托邦理想社會。隨著革命展開,權力將流向無產階級,無階級的共產主義經濟體制將隨之出現。

一個半世紀之後回顧這一切,我們已見識過這種願景如何在二十世紀變質為殘酷的史達林主義。做為一個物種,我們老了一些,也聰明了一些。但以十九世紀工業革命為背景審視這一切,我們不難明白為何馬克思思想在二十世紀來臨之際深具吸引力。

在此之外還有一種較不出名但或許更耐久的觀點:金錢與交易過程本身促使人們個體化,因此彼此疏離,這改變了人類。此論的主要代表人物齊美爾(Georg Simmel)1858年生於柏林,就許多方面而言是現代社會學的奠基人之一。他主要關注商業與城市化對個體意識的影響,不像馬克思那麼偏重階級結構。在《貨幣哲學》(*The Philosophy of Money*)一書,齊美爾闡述貨幣如何藉由將社會關係物化與碎片化,「介入人與人之間」,一如貨幣藉由令個體活動遠離其最終意義與目的,「介入人與商品之間」。不過他並非主張抵制貨幣與商業。他是在闡述貨幣經濟現實如何支配現代城市人的性質。在這方面,他是走在博蘭尼之前的學者。他同意我們本質上是商業人(commercial beings),而商業運作令我們在某些方面無可避免地個體化——這一點我們稍後將再討

論。相對於以階級為本的馬克思思想，齊美爾的看法顯然更切合二十一世紀全球化與都市化年代的本質。

* * *

相對於上述理論爭辯，有關國家與民間部門在有效運用資本推動社會發展上孰優孰劣，或許是同樣重要的實踐面爭論。在此意識形態戰場上，整個二十世紀幾乎是烽煙不斷。

在光譜上，自由市場的一端總有一位強大的意識形態代表：美國。美國可說是自由市場資本主義意識形態植於基因中的最主要大國。德國經濟學家維爾納‧桑巴特（Werner Sombart）1906年寫道：「美國是資本主義的迦南，是它的應許之地。」打從一開始，美國的鐵路與工業大亨便擁有巨大的擴充空間，國家與社會的限制相對較少。但事實上，在這個「社會主義」一直是毀謗與嘲笑用語的國家，極不尋常的是政府在危機時期（如1930年代與2008/9年）如何務實地大舉干預經濟；而且，華府不時還發現自己直接或間接涉入經濟事務過深過久——房貸機構房利美（Fannie Mae）與房地美（Freddie Mac）的故事便是顯例之一。但無論如何，柯立芝說得對：「美國的事務就是商務」。世界上再沒有一個大國能如此貼切地宣稱「我們國家的事務就是商務」。

光譜的另一端是二十世紀龐大、激進的社會工程項目，主要例子有1930年代的蘇聯，以及1958-61年間中國的大躍進。曾有那麼一段時間，這兩國或許能向自己（及他國）證

明，相對於自由市場體制，它們有能力創造出更快速的成長、更公平的分配及更持久的繁榮。尤其值得注意的是，蘇聯能相對不受1930年代的大蕭條影響。但在這一切的背後，兩國人民付出了可怕的慘重代價。最後到1980年代時，情況已日益明顯：蘇、中兩國自吹自擂的經濟成就十分空洞，相對於以美國為首、戰後再度繁榮起來的國際經濟體，它們的競爭力正快速萎縮。

在一段時間內，世界上其他國家主要遵循一種可視為「第三條路」的路線，又或者可說是處於光譜中間地帶的某處。例如，印度獨立之後，雖然行民主政制，但大部分時期採行高度計畫的社會主義式經濟體制。此外，歐洲社會（包括英國）普遍相信，政府有責任為社會公益積極干預經濟，這種觀念促成了歐洲國家的中間傾向。當然我們不能忽略了歐洲人之間的重要差異：尤其是相對於法國，英國的啟蒙運動較傾向個人主義，而不是國家主義（étatiste）。這點差異迄今仍持續體現在兩國的社會與政治思想上。相反，我們總是有可能誇大了歐洲與美國之間的差異；但事實上自1980年代起，歐洲戰後初期盛行的指令式產業計畫已顯著退潮。不過歐洲經濟與社會政治的重心向來顯然與美國不同。

但二十世紀進入尾聲時，連實踐面爭論也已失去動力。國家在資本投資上扮演重要角色導致僵化、低效與貪腐，相關證據愈來愈多，新千禧年來臨時，已沒有多少人願意忽略此一事實。一些標誌性畫面浮現腦海：曾說過「不管黑貓白

貓，抓到老鼠的就是好貓」的鄧小平，看到與大陸一河之隔的香港在資本體制下繁榮昌盛，1979年決定改革開放，給予中國新興的民間部門祝福；1989年11月9日，柏林圍牆倒下，人群蜂擁越過；1989年12月，羅馬尼亞獨裁者希奧塞斯古倒台，隨後與妻子遭處決，人民在電視畫面前歡呼慶祝；1990年1月31日，麥當勞在莫斯科的第一家分店開張；1991年11月6日，俄羅斯當局發出取締共產黨的命令。一種新共識出現了，它甚至有一個名字——華盛頓共識（這名字源自國際貨幣基金組織、世界銀行與美國財政部推銷給開發中國家、以開放市場為導向的政策建議方案）。1990年代初，印度開始推行重要的自由化改革。其他新興市場國家也以各種方式推行不同程度的類似改革。一時間自由資本體制似乎銳不可當，大有席捲全球的氣勢。

* * *

共產主義的崩潰是另一種主義的勝利嗎？不。資本主義不僅僅是一種主義，這一點它跟共產主義、社會主義或法西斯主義是不同的。資本主義並非僅是強加於社會或人們自行選擇的一種體制：在更根本的意義上，冒險與交易的習性可說是人類經濟互動的預設模式。在演化心理學這門新興學科，研究者正帶給我們愈來愈多知識；他們發現，我們的祖先五萬年前奮鬥求存的方式，可能正是許多人性特徵的根源所在。其中一些人性特徵，例如人類社會通常是分等級的，

第三章 ▶ 全球市集

或許跟資本主義並不明顯相容，但其他一些特徵則顯然偏向支持資本主義。舉一個明顯的例子，財產權是很自然的一回事，甚至可說是自然預設的，例如許多動物會為自己劃出覓食、獵食與交配的地盤。最重要的是，交易與互惠的交換似乎是人類的共性，就像勞動上的分工合作也是。美國心理學家利達·柯斯麥（Leda Cosmides）和她丈夫人類學家約翰·杜比（John Tooby）已證明，人類社會在狩獵採集階段就已出現形式繁多的交易與交換，一些交易方式還涉及相當複雜的專門分工與供需互動。換句話說，人類的心智似乎是朝適應交易的方向演化過來的。只要沒有人強加其他主義於社會，人們自然會實踐資本主義。它可以被壓制於一時，但總是會再度盛行。在此意義上，它恰似第二章所說的全球化。

認同這一點，並不等於要對資本主義持天真的樂觀態度。歷史學家、企業家與從政者往往會基於上述觀點，進一步宣稱：要實現物質進步與自由民主，允許資本主義充分發展是人類所知的最有力方法。在2008年1月《金融時報》的一篇專欄文章中，吉迪恩·拉赫曼（Gideon Rachman）引述了一些著名樂觀者的話。首先是1989年刊登於華盛頓雜誌《國家利益》（*National Interest*）的著名文章〈歷史之終結？〉（The End of History?）。作者法蘭西斯·福山（Francis Fukuyama）在該文中表示，自由民主體制加上其必然相隨的資本主義經濟制度，「可能正是人類意識形態演

化的終點」。1993年，魯伯特·梅鐸（Rupert Murdoch）聲稱，通訊技術的進步已「證明對極權政體構成明確威脅」。2000年，比爾·柯林頓表示，自由將「透過手機與纜線數據機」無可阻擋地普及。但是，在「歷史終結」二十年後，世界金融體系瀕臨崩潰，自由民主決定論者充滿自信的預言能否實現，一點也不清楚。亞當·史密斯泉下有知，相信不會覺得詫異。他雖然是資本主義學術之父，但從不曾那麼輕信資本體制。我們有時會忽略了一個重要事實：終其一生，史密斯對不受約束的資本主義一直有極大的疑慮，尤其擔心它對公眾利益的威脅。例如在《國富論》中，他就曾提出以下苛刻批評：

> 商人提出的新法規建議，永遠都必須小心翼翼地加以審視。這種建議，除非經過一絲不苟、持最大懷疑態度的長時間審查，絕不可採納。這是因為商人階級的利益永遠不會與公眾完全一致。一般來說，欺騙、甚至是壓迫公眾對商人有利，他們因此的確曾屢次欺騙與壓迫公眾。

史密斯知道，人類循資本主義本能行事，有如騎著一頭老虎。

然而，這故事的大局有其壓倒性的形態與意義。從買賣黑曜石薄片到在莫斯科與北京開麥當勞分店，儘管人們持續在宗教、哲學與文學上表達抗拒，人類的商業習性向來無可

阻擋。其核心是探索與聯繫的本能。生存賦予人類雙腿，貿易提供人類翅膀。兩千年前，世界由孤立的文明區塊構成，遠程商人有如前往其他世界的使者；如今世界已是一個沸騰的整體，金錢、商品與觀念不停交流，全球任何一個角落都沒有個體能置身事外。約翰‧鄧恩（John Donne）的著名詩句「沒有人是孤島」（No man is an island）說到了人類處境之錯綜複雜：個體彼此獨立，同時又是人類整體的一部分。德日進的看法是，只有藉由與整體合一，個人才有存在之意義或基礎。但是，在此人類處境的核心是一種資本主義商業本能，而它對人類關係的影響卻是極不明確的。

這一切是否意味著人類正走在通往某個新耶路撒冷的最後路程上？這是下一章要討論的問題。

第四章

通往新耶路撒冷的最後路程？

我們在生活中失落的生命今何在？
我們在知識中失落的智慧今何在？
我們在資訊中失落的知識今何在？

——艾略特，〈岩石〉，1934年

美好價值

　　二十世紀世界的關鍵時刻出現在1914年。當然這百年間還有其他重要分水嶺：俄國革命、廣島原爆、中華人民共和國建立、1989年的事件，又或者提姆·伯納李（Tim Berners-Lee）提出萬維網（World Wide Web）概念的那天。但1914年8月仍是二十世紀最大的決裂，世界從此不再一樣：從十八世紀末的歐洲開始，一直到二十世紀初，相信世界必然走向進步的觀念日益普及，但一戰爆發令此觀念備受衝擊。[1]1914年8月4日，英國外相愛德華·格雷爵士（Sir Edward Grey）發出他的名言：「整個歐洲的燈正一一熄滅，我們有生之年將看不到它們重放光明。」他基本上說對了。第一次世界大戰雖然結束於1918年，但進步之光、全球融合與經濟擴張至少要到1950年代，也就是兩個世代之後才恢復。1914年8月的大動盪衝擊國際關係，腐蝕了穩定的政治結構，催生政治極端主義，其影響並非僅限於歐洲，而是擴及全球。

　　人們有時會說，一戰其實要到1945年，甚至是1989年才結束。一戰1918年正式結束，其結果奠定了接下來二十年的局面。德國人極度怨恨《凡爾賽和約》；戰勝國認為，

---

[1] 譯註：1914年6月28日哈布斯堡皇儲弗蘭茨·費迪南大公在波斯尼亞的塞拉耶佛被刺，觸發了戰爭。同年7月28日奧地利對塞爾維亞宣戰；7月29-30日俄國全國動員支援塞爾維亞；8月1日德國對俄宣戰，8月3日又對法宣戰。8月4日德國侵入中立的比利時，使得英國投入戰爭，站在法國一邊。

第四章 ▶▶ 通往新耶路撒冷的最後路程？

各族群有自己的國土可防止未來發生戰爭，因此重劃歐洲大片版圖；但是，從波羅的海到巴爾幹半島，許多地方因此陷入不穩定狀態。1917年俄國革命震撼世界，但史達林隨後劫持了這場革命；他感興趣的並非「社會主義世界革命」，而是在蘇維埃國家強制推行工業化與集體化。在此同時，德國人的怨恨與國恥感惡化，促成了希特勒及其法西斯主義新變種——納粹主義之崛起。當時歐洲反猶太主義盛行，大蕭條亦助長了仇外情緒，在此情況下，納粹黨鼓吹的種族純粹與至上理論輕易贏得大量支持者。西方希望藉強大的德國制衡史達林的俄國，對納粹擴張主義的態度因此益發矛盾。此外，西方對日本的勢力崛起與區域野心也缺乏正確認識。種種錯誤與猶豫最終促成了第二次世界大戰。硝煙消散之後是美國與蘇聯之間的冷戰，這種尖刻的緊張對立，主導了1940年代中期至1989年的全球勢力均衡。

　　經濟方面，一戰留給世界一個迄今人們無法完全撫平的創傷。一戰之後德國發生惡性通膨，雖然不是世界首例，也不是當時歐洲唯一案例（奧地利與蘇聯也受此打擊），但顯然是截至當時為止最突出的一次，也是發生在主要工業國歷來最嚴重的一次。惡性通膨的驚人後果首度留下系統性紀錄，就是在當時的德國：貨幣幣值單位不斷改變、人們紛紛唾棄現金，物價與利率指數式上升。1922年，德國鈔票最大面額是5萬馬克，到1923年已擴大至1,000億馬克。這種恐怖經歷在德意志民族記憶留下深刻烙印，事隔多代如今仍

影響德國人的思想與行為方式。二十世紀前數十年留給各族群的集體記憶，迄今仍以各種方式影響著世界：索姆河戰役（Battle of the Somme）[2]之於英國、惡性通膨之於德國，有如大蕭條之於美國。

但從1950年起，雖然世界不曾出現忽然的「歡樂自信的早晨」（glad confident morning），但種種跡象顯示，烏雲已開始消散。關稅改革為世界帶來一小片藍天。二十世紀上半葉，各國愈來愈熱衷於製造貿易障礙。美國帶頭奉行孤立主義與保護主義，結果受到慘痛教訓，因此明白孤立主義在現代世界不可行，而保護主義則會引來其他國家報復。美國走出二戰的恐怖陰影後，開始著手清除先前百年間豎立的貿易障礙。威廉‧伯恩斯坦發現，美國國務院1945年曾發表一份名為《擴展貿易與就業方案》（Proposals for the Expansion of Trade and Employment）的報告。伯恩斯坦認為，今天全球化經濟的路線圖，實際上就是這份報告奠定的。報告作者指出，關鍵任務是經由談判，消除自1880年起日益束縛國際貿易的保護主義。1947年初，二十三個國家的貿易官員齊聚日內瓦，以美國國務院的建議案為基礎，商討如何消除貿易障礙。1947年10月30日，參與談判的全部國家共同簽署關稅暨貿易總協定（GATT）。隨後數十年

---

[2] 譯註：一戰最大戰役之一，死傷逾150萬人，戰爭史上最血腥的戰役之一。始於1916年7月1日，英、法軍隊於法國北部索姆地區向德軍發起攻擊，英軍當天傷亡高達約六萬人，是英軍史上最慘重的單日戰鬥傷亡。

第四章 ▶▶ 通往新耶路撒冷的最後路程？

間，關貿總協定克服了重重困難，完成了數個回合的談判；1986年的烏拉圭回合談判是其成就高峰，隨後貿易談判便由世界貿易組織（WTO）接手。美、英、法、德四國課徵的關稅，從1913年平均約15%升至1932年的30%左右，戰後顯著降低，如今已降至5%以下。這對貿易產生了巨大影響。如果說十九世紀貿易擴張是拜運輸成本降低所賜，那麼二十世紀貿易成長則主要是受各國大幅削減關稅激勵。

如果說關稅改革為國際間商品流通清除了障礙，那麼隨後的資本市場自由化則是為貨幣全球流動打開了大門。柴契爾夫人（Margaret Thatcher）1979年上台執政，率先推行的政策之一，就是廢除英國的外匯管制。七年之後，政府推動「大爆炸」（Big Bang）金融改革，徹底革新了倫敦資本市場。改革效果驚人，大大鞏固了倫敦的金融中心地位。倫敦做為全球化世界經濟體的知識交匯點（這一點待本章稍後闡述），便是從這時候開始。美國的雷根政府也跟隨柴契爾的做法。一個又一個國家放寬資本管制，未必是徹底自由化，但已令世界大部分地區的資本流動比以往自由得多。

接著是新興市場在世紀的最後十年出現根本變革，影響深遠（新興市場的名稱是後來才普及的）。其中最根本或最重要的轉變，莫過於中國全面恢復參與全球市場。1978年12月，鄧小平重掌權力，成為中國最高領導人。新領導層相當務實，強調發展經濟，揚棄大規模政治運動。鄧小平隨即推動「四個現代化」，也就是農業、工業、科學技術與國防

現代化。目標很清楚：將中國發展成不折不扣的現代工業國家。這策略有個說法：「富中國特色的社會主義」，它開創了中國歷史上的一個新時代。

鄧小平強調，社會主義並不意味著共貧，不能因為政策跟資本主義國家所實行的相似，就否決相關政策。他允許藉由市場機制管理總體經濟，而許多做法是以西方國家的經濟規畫與管控機制為榜樣。在地方層面上，政府改用物質誘因而不是政治動員來激勵人民勞動，最初的做法是允許農民自由出售自留地收成，賺取額外收入。地方直轄市與省可自由投資它們認為最有利可圖的產業，這激勵了對輕製造業的投資。因此，鄧小平的改革改變了中國的發展策略，變成偏向輕工業與出口導向的成長。人們稱這段時期為中國的工業革命，不是沒有原因的。

世界上人口最多的民主國家印度隨後也開始改革開放，將數億人民帶進全球市場。1990年代初，印度經濟瀕臨崩潰。官僚規畫經濟發展一個世代之後，印度政府幾近破產，國家外匯準備極度萎縮，僅夠支付三個星期的進口。納拉辛哈‧拉奧（Narasimha Rao）領導的政府推行財長曼莫漢‧辛格（Manmohan Singh）設計的改革方案，目的是開放外資投資印度、改革資本市場、解除國內商業管制，以及開放貿易體制。辛格後來成為印度總理。這些改革效果顯著。外商對印度的投資開始增加，經濟加速成長。外匯準備十年間從約50億美元猛增至逾1,000億美元。

第四章 ▶ 通往新耶路撒冷的最後路程？

　　中國與印度的改革，加上東歐的開放與蘇聯的解體，意味著約三十億人加入了聯繫日益緊密的全球市場。相對於先前世紀的發展，二十世紀下半葉經濟活動的顯著特徵，在於其驚人的規模與加速度。這五十年間產出的商品與服務總量，大有可能是先前人類整個歷史的累計總量。

　　二十世紀亦見證了世界人口暴增，從世紀初的16億增至世紀末的65億左右。此外，在世紀的最後三十年，人口大量遷移的現象也再度出現。譬如說，美國的外國出生人口如今是歷來最多的，接近4,000萬。世界上如今有19個城市的外國出生人口超過100萬（包括倫敦、巴黎，以及九個美國城市）。

　　在此同時，世界的財富分配變得更不平均。世界最富裕四分之一人口之人均GDP於二十世紀增加近六倍，而最窮四分之一人口之人均GDP則僅增加不到三倍。以長期歷史角度觀之，這樣的所得成長仍算相當可觀。儘管如此，許多窮國世紀末的人均實質GDP仍遠低於先進國家1900年已達至的水準。1900年，非洲人均GDP約為當時先進國家的九分之一；到2000年時，這比率不升反降，變成只有二十分之一。1990年代最窮國家的經濟成長，不足以減少赤貧人口之絕對數目——眼下全球赤貧人口仍超過十億。

　　儘管如此，近期多項研究顯示，近三十年左右，世界上大部分窮人之所得成長首度超過已開發國家。儘管亞洲於1990年代末爆發金融危機，包括巴基斯坦、孟加拉與印尼在

內,許多人口稠密的經濟體人均實質GDP過去二十年間強勁成長。但真正影響重大的是中國與印度。兩國合計共佔全球人口近40%,而且先前均非常貧窮。兩國近二十年的政策改革推動經濟快速進步,已在發展統計資料上留下明顯的印記。

* * *

中印兩國近二十年的轉變經驗已受到愈來愈多關注,吸引許多人深入分析,這跟兩國體積龐大有莫大關係。在國際權力圈內,兩國的外交影響力正日益增長。它們在世界舞台上崛起,正深刻改變國際關係——事實上,我們對人類歷史與發展的整體認識也正受影響。對西方來說,這是根本的改變,可與當年發現新大陸對歐洲人的影響相比。如今,此一巨變的影響將更快顯現出來。

中國與印度之間有許多明顯的差異。不過,有關兩者差異的陳腔濫調過度簡化了兩國的情況。許多人將兩國的發展方式界定為「由上而下」與「由下而上」之別,然後就問哪一種政府體系能實現更快速、更持久的經濟成長。這樣的分析未免太容易做了。

人們經常拿印度在學術寬容、活躍的公共辯論與政治多元等方面的悠久傳統,對照中國社會同質化與中央集權的特質。但現今世界在網路基礎上日益多元化,這種分析是過於簡化了。截至2008年12月,中國上網人口高達2.9億,約等於美國總人口。上網人口成長帶動部落客(blogger)數目

第四章 ▶▶ 通往新耶路撒冷的最後路程？

增加。中國互聯網協會（代表服務供應商、網路接入營運商與研究機構的組織）估計中國有5,000萬名部落客。「愈來愈多中國人希望透過網路表達自己對本地與國際事務的看法。」中國經濟與社會顯然有充沛的基層生命力。多元觀點的表達無疑對官方政策與行為有影響。美國與大陸建立邦交後首任駐北京大使伍德科克（Leonard Woodcock）曾經反省，在他一生中，在他的國家，婦女曾經被剝奪投票權、勞工曾經被禁止組織工會，而種族歧視曾經受法律保護。「隨著歲月的推移，我們有了進步。我很懷疑，外國人的教訓與威脅能否幫助我們更快進步。」在此同時，絕大多數印度人承認，印度的民主體制某程度上拖低了經濟成長，他們有時稱這造成印度在成長率上存在相對於中國的「民主折扣」，而他們普遍接受這狀況。

在其他方面，中印兩國在某些層次上有差異，但也有一些人們較容易忽略的相似之處。中國在人口結構上正面臨一個定時炸彈。論者常指出，因為推行一胎化政策，中國將是歷史上首個在致富之前就已變老的國家。經濟合作暨發展組織（OECD）的資料顯示，北京的生育率可能已降至每名婦女生產1.4-1.5個小孩，而這數字在上海更是只有0.96。人口正日趨老化：估計至2025年，中國人平均年齡將升至40，而1995年時只有27。因此，老人照顧問題顯然正成為中國的一大政策議題，因為中國的老人絕大多數是靠家中壯年人口賺錢贍養的。

印度方面，人口趨勢的短期前景某意義上比較樂觀：生育率相當高，平均年齡正在下降。根據某些預測，到2025年時，印度總人口將增至14億，其中逾67%介於15至64歲之間——也就是說，印度的勞動力基礎屆時料比2005年擴大36%。屆時印度人平均年齡將低於歐洲、美國、日本或中國。只要能處理好教育問題，這樣的人口結構將令印度極具投資吸引力。但是，長遠而言，印度將得經歷自身的過渡，達致某種人口穩定狀態。這並不容易：強制性人口控制措施在印度政治上是無法想像的事，而該國又已經是世界上最擁擠的國家之一。

　　中印兩國均擁有潛力深厚的強大經濟體。兩國均有極為充沛的農村勞動力，經濟基本面預示未來數十年料維持強勁成長。但兩國顯然也面對一些潛在威脅。經濟成長極少是一路平穩的。從東南亞到拉丁美洲，許多所謂的經濟奇跡均因為金融危機、政變、政治紛爭或單純的管理不善而夭折。此外，龐大的人口雖然可轉化為強勁的經濟動力，但如果當局未能妥善處理社會、政治與環境問題，這因素也可能是一把雙刃劍。中印兩國均必須保持相當高的成長率，才可吸收每年進城求職的數以百萬計勞工。據估計，印度即使每年保持非常可觀的6.5%經濟成長率，至2012年失業人口仍將增加7,000萬。基於類似原因，中國一直致力維持經濟高成長。人們普遍認為，中國平均需要保持7%的經濟年成長率，才可創造足夠的職位吸收進城求職的農村人口。

第四章 ▶▶ 通往新耶路撒冷的最後路程？

　　中國與印度亦均面對嚴峻的環境考驗，關鍵問題之一很可能將是水源。兩國的兩條主要河流均發源自喜馬拉雅山脈的冰川，分布在3.5萬平方公里的區域內。數千年來，人類多數視水為免費可得的資源；但未來數十年，在中印兩國的經濟發展議程上，水資源嚴重稀缺將成為愈來愈嚴峻的挑戰。此外，兩國也已為工業與人口高速成長付出了沉重的生態代價，每年均有大量民眾死於跟空氣與水污染有關的問題。像重慶與新德里等大城市的空氣品質，屬全球最差的類別。森林覆蓋面積亦正以驚人速度縮減。兩國在環境法規的執行上均漏洞百出。許多發電廠與工廠以煤為燃料，而且並未投資污染防治技術。西方旅客因此對兩國的污染情況感到震驚。他們或許忘了自己的城市也曾經如此：只要看看倫敦或巴黎五十年前的相片，他們會發現，自己熟悉的城市與文化地標當年也被煤灰染得烏黑。

　　因此，中印兩國在公共衛生方面均有隱憂，這是不足為奇的。兩國均支持民眾大量聚居在最大的一批城市，愛滋病、肺結核及其他傳染病因此可能造成威脅，而一次嚴重的流感爆發就可能導致數以百萬計的民眾死亡。

　　這些問題均不是這兩個大國所獨有。事實上，城市化的效應在全球幾乎每一個新興經濟體均非常明顯。世界人口於二十世紀迅速城市化的現象，從聯合國《世界城市化展望報告》(*World Urbanization Prospects*) 2007年修訂版收錄的統計數據可見一斑。全球未來的人口成長幾乎將全部出現在城

市，亞洲、非洲與拉丁美洲的情況尤其如此。到2030年左右，全球每五位城市居民，將有四位是住在開發中國家的城市裡。就亞洲與非洲而言，此趨勢標誌著人口成長源從農村轉移至城市的重大轉變，改變了數千年來的格局。1950年全球城市人口比率29%，至2000年已升至46%，估計到2050年時將進一步升至70%——屆時全球城市總人口將超過60億。自2008年起，世界已有超過一半的人住在城市裡。

這種城市化現象，是全球化最重要的社會、政治與文化效應。某意義上我們對此太習以為常了，因此有必要吸口氣，好好體會人類正經歷怎樣的一種巨變。相關數據難免很受印度與中國影響。近60年來，印度有約3億人從農村轉移至城市。1947年，印度城市人口有6,000萬，至2008年估計已超過3.6億，未來四十年料將再增加5億。換算成百分比的話，印度1950年城市人口佔總人口17%，至2000年時升至28%，至2050年料進一步升至55%。

中國方面，城市人口百分比提升得更快：從1950年的13%升至2000年的36%，至2050年時料進一步升至73%。這是人類史上最大規模的人口遷移。值得注意的是，以歷史標準而言，這場遷移異常順利。相對於十九世紀曼徹斯特貧民窟的恐怖狀況（五歲以下兒童死亡率高達50%），或是兩次大戰之間史達林在蘇聯強制推行城市化之夢魘，中國近四分之一個世紀間發生的，是一場異常平和但意義同樣重大的轉變。

第四章　▶▶ 通往新耶路撒冷的最後路程？

　　城市化還有好長一段路要走。中國最多僅完成了一半路程，印度則處於更早期階段。其他國家也正經歷類似轉變。例如，越南2000年城市人口比率為24%，至2050年料升至57%；孟加拉同期則估計將從24%升至56%。在每一個開發中地區，城市人口至少將增加一倍。各地均正上演同樣的劇本，而此一巨變將產生深遠的政治、社會、經濟、文化與心理面影響。

＊　＊　＊

　　城市體現了人類對聯繫的本能需求——對交際、便利、刺激與財富之渴求。人們進入這些開發中國家大幅擴張中的城市後，想要些什麼呢？他們一旦能表達自己的意見，並有能力滿足自身需求，會想要些什麼呢？答案是，無論在哪裡，他們要的東西都一樣：冷氣機、冰箱、電視、機車、汽車……在河內，想過馬路時，你會發現，街上的機車成千上萬。站在路邊等待機車流出現空檔，是永遠等不到的。因此，你最後還是得勇敢地走到馬路中間，然後你發現，那些機車就像水那樣在你身邊流過，不會碰到你。你絕對能安全地在車流中穿過馬路。在上海與孟買，交通擁堵是盛名遠播的。如果中國與印度人均擁有汽車的數目和美國一樣，那麼這兩國各自擁有的汽車數目將與目前全球汽車總數相同。

　　不過，那麼多城市那麼多人面對的，不僅是物質條件的改變。城市化的社會與心理面影響，也是既深刻又全球

性的。十九世紀末與二十世紀初社會學理論之早期發展,在許多方面受學者對以下問題之濃厚興趣影響:商業與城市化如何影響個體及其社會關係?德國社會學家齊美爾與斐迪南‧滕尼斯(Ferdinand Tönnies)就個體化與城市化寫過一些關鍵著作。如上章所述,齊美爾集中探討金錢如何日益介入人際關係的運作。滕尼斯1887年的著作《社區與社會》(Community and Society)則聚焦於初級關係(如家族關係)喪失、目標導向的次級關係取而代之的現象。人類的商業買賣與社會交流本能是城市成長的動力,而隨著愈來愈多人參與全球市場,城市化的腳步也加快了。城市化改變了人們看世界的整個方式,既帶來機會,也造成不適。在城市裡,有些街道鋪滿黃金,有些則遍地污水。紐約市立大學人類學教授、社會理論家大衛‧哈維(David Harvey)在2000年一場題為《可能的城市世界》(Possible Urban Worlds)之演講中,對現代城市提出了嚴厲批評:

> 每一個城市如今某程度上均有以下現象(往往是愈來愈嚴重,有時某些現象根本就是集中在城市裡):集中的貧困與絕望、營養不良與慢性疾病、岌岌可危或壓力過重的基礎設施、無意義且揮霍的消費主義、生態惡化與過度污染、擁擠、看似陷入困境的經濟與人類發展、有時非常尖刻的社會衝突……因此,對許多人來說,談論二十一世紀的城市會勾起一種反烏托邦夢魘:人性中的致命缺陷集中在地獄般的絕望之地。

第四章 ▶▶ 通往新耶路撒冷的最後路程？

　　哈維所言代表一種極端觀點。不過，許多人已分析過城市化的心理效應：農村的家族與社會結構一旦遭混亂的城市秩序取代，人們的安全感就崩潰了。個體化帶來自由與種種可能之餘，原子化（atomization）之焦慮也隨之而至：支援體系消失，「自顧自」（to each his own）既是希望，也是威脅。這對社群生活、藝術、政府，以及最終人類之滿足影響深遠。因此，對新興經濟體發展進度之現實評估，除非是建基於對城市化將如何徹底改變這些社會之清楚認知，否則必定是膚淺的。

＊　＊　＊

　　為看清這一點，我們必須回顧城市化的歷史，因為我們能從城市化的根源與不同形態中了解許多事情。據當前考古發現，最早的城市生活可追溯至公元前三千年前左右的美索不達米亞、埃及以及印度河流域。城市發展往往同時呈現「自然」（organic）與「計畫」（planned）這兩種發展形態。這些古老社會有複雜精細的宗教、社會與軍事組織。統治精英為自身事務特別設立的區域通常經過仔細規畫，結構對稱，壯麗堂皇。這跟一般住宅區形成強烈對比，後者通常是緩慢地自然擴展。古城的兩個典型特徵是城牆與堡壘：城牆是防禦工事，不時受征服者的軍隊侵犯的地區尤其需要；堡壘是城內巍然屹立的大型建築，宗教與政府典禮專用。從古老居住區發展起來的城市通常是不規則的，它們在發展過程中逐

135

漸適應地貌與歷史的意外。殖民城市則有時以方格系統事先規畫，這種設計將土地劃分成適合發展的區塊，簡單實用。

在鞏固帝國的過程中，羅馬人以這種方式大量建設城市。羅馬城本身經過多個世紀的自然成長，因此呈現非正規複雜性，但廟宇與公共空間則是高度規畫的產物。相反，由貧乏基礎或憑空建設起來的羅馬殖民城市，則通常採用某種方格系統設計。歐洲城市如倫敦與巴黎便是在這種基礎上發展起來的。許多中國城市的發展模式也大致相同，北京與南京便是顯著的例子。

但是，說到中世紀歐洲城市，我們通常會想起蜿蜒狹窄的街道，它們匯集在一個矗立著大教堂與市政廳的市集廣場。此一時期許多城市的確如此，這是城市經過長期逐漸擴展後的結果。至於散播在歐洲未開發地區的新城市，則是採用新城市常用的方格設計（布魯日就是一例）。為抵禦敵軍，城市建起了高大的圍牆；城市擴展至原定區域之外時，會建起包圍更大面積的新城牆。文藝復興時期，建築師開始將城市當成一件具美學功能的建築處理。義大利城市許多一流的公共空間便源自此一時期。十七至十九世紀，民族大國興起促成巴洛克式城市的出現。雄心勃勃的統治者追求宏偉的建築：長長的大街、堂皇的廣場與花園。巴黎、柏林與馬德里全都見證了這種雄心，華盛頓特區則是共和政體下的一例。

但是，到了十八世紀下半葉，城市成了商業的舞台，美國尤其如此。資產階級的建築隨著主人生意興旺而擴張：銀

第四章 ▸▸ 通往新耶路撒冷的最後路程？

行、辦公大樓、貨倉、飯店，還有小型工廠。1920年前後的紐約、費城與波士頓是這一時代商業城市的典範，它們均有熱鬧的多用途濱水區。

千年來頭一遭，工業化憑空催生了一些全新的城市——英國的伯明翰與德國的埃森（Essen）是典型的例子，兩者在十九世紀之前均不過是小村莊。上海是另一個例子，深圳則是二十一世紀的代表（1984年人口約4萬，眼下人口至少800萬）。

城市是磁鐵或漩渦，向來如此，至今未變。儘管網際網路迅速普及，城市的磁鐵角色仍未衰減。許多人本來以為虛擬聯繫將令物理距離上的接近變得不重要，但這想法看來是錯了。今天發展最快的城市每年平均成長4-5%，也就是說，若保持這樣的速度，它們的規模二十年後將擴大一倍。即使是足跡遍全球的世界公民，也會對這些城市的名字感到陌生：北海（中國）、加茲阿巴德（Ghaziabad，印度）、薩那（Sana'a，葉門）、蘇拉特（Surat，印度）——它們在最新的世界最快速成長城市榜上位居前四名。無限可能的誘惑、璀璨生活之希望，城市的魅力向來深深吸引人類。

* * *

二十世紀初，人們興奮期待未來的大都市，並為此擬出藍圖。1922年，建築師柯比意（Le Corbusier）提出他的「當代城市」設計方案。這是一個可容納300萬居民的城

市,裡面有六十層高的十字形摩天大樓、長方形的公園式綠化空間,以及巨大的多層式中央交通中心,包含巴士與火車站、道路交匯點與機場。概念無疑巧妙,但卻是一種無人性的人工設計:城市成了機器,而不是有機體。相對的,當今世界大都市的最佳例子——倫敦——是成長出來,而非人為設計出來的。倫敦是世界城市最純粹的例子:它是一個典型的有機、開放、萬花筒式的都市,文化上有很深的古老根基,生機盎然地持續向外擴展。

公元43年,羅馬人入侵英國,自肯特海岸北進,在倫敦地區(估計是在現今的蘭貝斯〔Lambeth〕)越過泰晤士河,跟附近的部落交戰。約七年後,羅馬人修建了一座永久的木橋,就在現今倫敦橋往東不遠處。這座橋吸引了許多人在附近定居,成了羅馬時期道路系統的中心,對倫敦隨後的發展至關緊要。倫敦最初的道路系統是十分規矩的方格設計,由此或許能看出最初居民之軍事背景,但貿易與商業很快就在這城市發展起來。倫敦有許多優厚條件,其中一點是河水夠深,可以通航。此外,附近的土地排水功能良好,平坦、易進入,而且可用於製造磚塊的黏土十分充裕。很快倫敦便成了一個繁榮的商業中心。

到中世紀時,倫敦已成為蜿蜒街道與巷弄之迷宮,羅馬的軍事方格街道已幾乎全無蹤影。絕大多數房子採用木架或泥笆牆結構,外牆以石灰水粉刷。失火一直是威脅,政府還立法規定所有家庭必須備有救火設備。瘟疫也一直是一大威

第四章 ▸▸ 通往新耶路撒冷的最後路程？

脅,因為衛生條件相當原始。1348年至1665年(當年爆發大瘟疫)間,倫敦至少發生十六次瘟疫。市政府由市長與市議會領導,他們全都是從商業行會成員中選出來的。這些行會掌管所有商業管道,積聚了大量財富,控制了倫敦城。每一個行會都有自己的會館,而它們共同擁有的會議場所,就是華麗的倫敦市政廳(Guildhall)。這城市真的可說是獨立自主的。王權以泰晤士河較上游處的白廳(Whitehall)為根據地,基本上放手讓倫敦自主運作。

倫敦今天的活力建基於與世界各地的歷史聯繫,這種聯繫是透過移民與貿易建立起來的。在倫敦東部的史比托菲爾茲(Spitalfields),布里克巷(Brick Lane)接近福涅爾街(Fournier Street)的一個角落矗立著賈瑪清真寺(Jamme Masjid),它是見證倫敦人口流動性的最佳標誌之一。兩個半世紀以來,這座建築一直是史比托菲爾茲居民做禮拜的場所,但在此聚會的社群隨著一波波的移民潮而改變。1743年,這座大樓落成,成為十七世紀時逃離法國的胡格諾派新教徒(Huguenots)的禮拜堂。1819年,它成了衛理公會的禮拜堂。但從1897年起,它變成一間猶太教堂,服務那些在東歐排猶屠殺後來到倫敦的猶太人。隨後則變成清真寺,1976年時賣給了倫敦的孟加拉社群。「refugee」(難民)一詞可說是植根於倫敦的歷史中:當初此詞就是創造出來形容那些逃避法國的迫害,避難至英國的胡格諾派新教徒。

在歷史上,英國的邊界向來是開放的:德裔畫家小漢

斯・霍爾班（Hans Holbein）、德裔作曲家韓德爾（George Frideric Handel）、工程師布魯奈爾（Isambard Kingdom Brunel）、馬克思以及詩人艾略特，莫不是英國接收的移民。1867年，山繆・斯邁爾斯（Samuel Smiles）形容倫敦是「世界的避難所，所有地方受迫害者的庇護所⋯⋯人口成分之多元，世上罕見」。1858年1月19日《泰晤士報》一篇社論宣稱：「地球上每一個文明人都必須完全明白：這國家是各民族的避難所，它會保衛這避難所，不惜流盡最後一滴血。對此我們是無比堅決的，沒有其他事比這更令我們感到自豪⋯⋯我們是難民之國。」多數難民去了倫敦。

做為一個貿易中心，倫敦也與世界維持廣泛聯繫，而且對風向變化一直相當敏感。英國央行會議室的牆上掛著一個連接屋頂風向儀的刻度盤。這裝置安裝於1805年，當時了解風向對貨幣政策之執行至關緊要。如果倫敦吹東風，那就意味著商船可順利沿著泰晤士河進入港口，貿易商需要充裕的貨幣供給。相反，如果是吹西風，央行就必須收緊貨幣供給，以抑制通膨壓力。

十八世紀末，倫敦的貿易活動逐漸獲得通常只有教會或王室才享有的重要地位（以及一些浮華與排場）。西印度碼頭基石上的碑文值得細細品味。雖然我們如今坐在現代高速經濟體的雲霄飛車上，但從碑文的華麗文字中，仍可感覺到一個舊世界的氣息；那時代建基於工業與貿易，人們在道德問題上充滿自信，對社會之進步非常樂觀。碑文如下：

第四章 ▶▶ 通往新耶路撒冷的最後路程？

　　本列大樓與相鄰的碼頭一同興建
　　有賴熱心公益的人士出資
　　高瞻遠矚的立法機關許可
　　倫敦城法人熱心配合
　　這些建設目標明確
　　乃為西印度群島物資之運輸
　　在此富庶的港口
　　提供迄今未有的安全保障與充裕設施
　　公元1800年7月12日星期六
　　以下尊貴嘉賓在此立下奠基石
　　大不列顛大法官拉夫堡勳爵
　　第一財政長官、財政大臣威廉・皮特閣下[3]
　　西印度碼頭公司主席喬治・希伯特先生與
　　副主席羅伯・米利根先生
　　前兩位尊貴的先生在傑出政治家中出類拔萃
　　在國會兩院一直熱心推動本建設
　　後兩位先生是獲選管理本項目的卓越人士
　　在上帝眷顧下，本建設
　　將促進英國商業
　　的穩定、繁榮與光彩

---

[3] 譯註：當時英國未有「首相」之頭銜，第一財政長官（First Commissioner Of Treasury）實質上就是首相。

因此，倫敦的演變發展一直與貿易和金融有密切關係。事實上，在二十一世紀頭十年的上半段，金融市場一片榮景時，倫敦有時真的讓人覺得是全球化世界的首都。不過，稱它是交匯點更合適一些。倫敦有一些獨特優勢，關鍵的一項是語言。

《牛津英語詞典》收錄了逾60萬條目，當中有許多是解釋從其他語言借用過來的單詞。倫敦的特徵基本上也可以用來形容英語。如今英語比歷史上任何時候更有資格稱為世界通用語：超過三十五個國家以英語為第一語言，至少另有三十五個國家以英語為官方語言之一（但英語未必是這些國家最常用的語言）。英語是世界最主要的第二語言，而且它還繼續成長，快速吸收世界各地的文化元素。英語大量借用其他語言的單詞，數目在所有語言中稱冠。根據國際條約，英語是航空與海事通訊的官方語言，也是聯合國及幾乎所有其他國際組織的官方語言之一。《牛津英語詞典》開頭的「一般說明」這麼說：「一個廣泛傳播、高度發展的活語言，其詞彙並沒有明確的數量界限⋯⋯任何一個方向，都絕對沒有明確的界限：英語圈有一個界限清楚的中心，但沒有可辨識的周邊。」

倫敦能成為一個非凡的交匯點，還拜其他因素所賜：政治穩定、法律體系、開放的市場，以及同樣重要的時區位置：倫敦位於本初子午線上。在倫敦工作的人，於正常辦公時間內，早上可以跟東京聯繫，下午可以跟洛杉磯開會。近

第四章 ▶ 通往新耶路撒冷的最後路程？

二十五年來，倫敦以某種方式成了一個國際市場，而這一切的背後並沒有一個有意識的策略。世界每一個角落、每一個社會經濟階層都有人湧到倫敦來。超過30%的倫敦居民出生於英國以外的國家，共有33個倫敦社區擁有超過一萬名外國出生的居民。

因此，倫敦已成為世界的文化與商業匯點。這城市中人們常用的語言超過275種。倫敦的影響力與傳統非常多樣，這塑造了它今天的文化面貌。倫敦是藝術、音樂、節慶、博物館及許多其他事物的國際中心。眾多例子中，謹舉一例：大英博物館是全球最大的人類歷史、文化與藝術博物館。世界上每一種料理如今都能在倫敦找到，甚至連英國菜也擺脫了毫無魅力的形象，出現在昂貴、時尚的餐廳中。

* * *

真正的世界城市如今還很少，可說是只有倫敦、紐約和巴黎。但是，需要什麼要素才能造就一個偉大的世界城市呢？關鍵要素肯定包括：積極參與並影響國際事件與世界事務；人口眾多，包含有份量的國際社群；大型的旅行、通訊與金融樞紐；世界聞名的文化機構與大學；生氣勃勃的文化景觀，包括藝術節、戲劇與歌劇；具國際影響力的強大媒體；以及強烈的運動興趣，包括可舉辦主要國際賽事的世界級運動設施。如果這些就是構成世界城市的要素，未來幾個世代的人將看到其他世界城市出現在亞洲等地。

但是，這種世界城市不過是城市化達致顛峰的產物。講得更籠統一些，人類的城市化經驗似乎正在改變人類的意識本身。城市化似乎體現了德日進的世界觀：隨著演化的進行，複雜性與意識均持續增強。德日進認為，人類社會化是這過程的一個關鍵階段。地球有限、球體的表面促成人類的密集化與社會化，最後產生了精神圈。城市化可說是這過程的典型表現。它對人類影響的模糊性，與德日進對此過程本身的矛盾態度相對映。

換個方式說，人們一旦聚居於城市並形成無數的複雜網絡，似乎就會獲得一股新的生命力；相對於過安定農村生活的穩定社群，城市人較不可測、較難控管，力量更強大。城市往往是群眾運動的溫床，這是政府當局難以應付的。羅馬人老早就了解城市居民的力量。在羅馬帝國時期的建築上，至今隨處可見拉丁文「Senatus Populusque Romanus」（元老院與羅馬人民）的縮寫「SPQR」，它是一個永恆的提醒：掌權者至少必須仰賴民眾的默許。自古以來，所有類型的政府，無論是專制主義、中央集權還是民主的，都一再受到這樣的提醒。有些城市有很強的獨立生命力，民眾的力量經常以湧上街頭、重創政客與統治者的方式爆發出來。巴黎或許是這種城市的最佳代表。巴黎暴動是歷史上常見的事，從百年戰爭[4]到十九世紀巴黎街上的路障，一直延續到現在。

---

[4] 譯註：英、法之間1337-1453年間的一系列戰爭。

第四章 ▶▶ 通往新耶路撒冷的最後路程？

希特勒一直憎恨柏林：納粹黨從不曾在這裡贏得多數支持，而希特勒痛恨的一切，莫不是這城市的特徵。（雙方可說是彼此憎恨。）在2002年出版的傳記《希特勒》(Hitler)中，作家喬亞金・費斯特（Joachim Fest）如此描述這位領袖對柏林的反感：

> 柏林當時正要進入它著名或者說惡名昭彰的1920年代，整個城市一片瘋狂的鬧哄哄，使得希特勒更加討厭這城市。他鄙視這城市的貪婪與輕浮，將柏林的情況跟羅馬帝國末期的頹廢相提並論。他還說，「外來種族的基督教」正利用這城市的弱點，正如布爾什維克主義當時正利用德國的道德敗壞壯大自身。在這些早期的演講中，希特勒經常抨擊大城市中的罪惡、貪腐與不知節制的行為；他在柏林菲德烈街與選帝侯大街華麗的人行道上看到了這一切。

簡而言之，城市向來代表一股挑戰官方權力的勢力。為什麼呢？這不僅是因為要控制狹窄空間裡的大群暴民，調度上相當困難（歐斯曼〔Haussmann〕1860年代改造巴黎，廣為人知的一個考量就是方便政府必要時鎮壓暴動）。更根本的原因，在於城市可能動搖任何一種穩定的社會結構。城市天生是原子化大熔爐：持續傾向破壞既存的結構，允許新關係形成並重組。社會學家與文學家非常關注現代人的疏離狀態，正是這種原子化過程促成的。

美好價值

* * *

在批判社會理論中,「疏離」是指個體疏遠了「他者」——也就是疏遠了傳統的社群、生活環境,以及一般的其他人。馬克思認為,疏離是資本主義的系統性結果之一;在資本體制下,原本自然在一起的事物被強制拆開,處於和階狀態的東西陷入緊張對立。人們疏離了他們人性中的核心部分。馬克思認為這種混亂的根源在於經濟條件:在資本主義工業生產環境下,工人完全無法控制自己的工作,他們因此無可避免地失去對生活與自我的控制。在個體的意義上,工人永遠不可能成為自主、自我實現的人。資本主義社會出現疏離現象,是因為生產已不是在小農舍這種地方進行,而是轉移至極度嚴格管控的工廠——在這裡,人們清醒的時間幾乎全耗在工作上,拿到的卻是資本家盡可能壓低的薪水。因此,舊的結構被摧毀了,新結構則令人疏離。在馬克思眼中,這就是城市商業與資本主義生活的本質。

齊美爾則認為,大都市改變了個體之間的互動方式。他的著眼點跟馬克思不同,他專注研究城市造就的個體化如何產生疏離。現代城市社會原子化,意味著個體與其他人有愈來愈廣、但愈來愈淺的關係。結果是城市最終產生了人盡皆知的「人群中的孤寂感」。相對於農村社會的穩定交際,城市的成長,以及城市居民之間聯繫的短暫與貧乏,意味著個體的自我意識成了史無前例的私事。在城市出現前、較為一

第四章 ▶▶ 通往新耶路撒冷的最後路程？

體化的社會，個體的自我意識是社會塑造出來的一種共有個性。但在城市中，個體視自身在自己與環境的關係「之外」——個體因此必須面對一個問題：對於「在自身之外的」現實，該如何反應？這問題既可能產生心理解放作用，也可能令人心神不寧。

城市人因此衍生出對自我實現日益迫切的心理慾求，這體現在人們對活動的頌揚上。在他1943年發表的著名論文〈人類動機的理論〉（A Theory of Human Motivation）中，亞伯拉罕·馬斯洛（Abraham Maslow）將自我實現定義為「充分發揮潛能、日益接近所能實現的自我之慾望」。他認為已達致自我實現的人有某些特別的行為模式，常見的特徵包括欣然接受現實與事實，而不是拒絕面對；自發的舉止；有解決問題的興趣，以及無偏見地接受自己與他人。這些特徵看起來非常像在開放、多變的城市生活中取得成功的關鍵因素。

此意義上的自我實現，可說是私人化的自我意識對齊美爾所稱的城市「客體文化」（objective culture）之反應。齊美爾認為，社交互動（旨在獲得他人的賞識，或至少得到他人的注意）成了個體對疏離的一種關鍵反應；它成了自我實現的另一種方式，而且無可避免地常以富攻擊性的形式出現。在城市生活中，這成了一種存在之必要（existential imperative），在較穩定、較一體化的農村生活中則從來不是這樣。不過，完全（甚至是主要）以負面觀點看這現象，卻

147

是不對的。例如,齊美爾亦指出,這種本質上源自城市生活的慾求,另一種表現是浪漫主義。這或許違反我們的直覺,但齊美爾認為,歌頌體驗自然的浪漫主義隨著文化城市化而盛行,這可不是巧合。齊美爾在《貨幣哲學》中這麼說:

> 體驗自然這種獨特的審美與浪漫經驗,或許真的只能透過與自然疏遠的過程才能實現。生活中直接接觸自然、不知道其他生活方式的人,或許能主觀地欣賞自然的魅力,但他欠缺與自然的距離;這種距離是美學沉思的基礎,是那種寂靜的悲傷、那種思念疏遠、那種失樂園的感覺之根基——這種感覺正是對自然的浪漫反應之特徵。

例如,想想在擁擠的日本城市,人們每年一度對櫻花的半神祕沉思。又或者是詩人普希金與風景畫家希施金(Ivan Shishkin)在俄羅斯持續受歡迎的現象;又或者風景畫家康斯塔伯(John Constable)與作曲家艾爾加(Sir Edward Elgar)在英格蘭同樣的歷久不衰。他們全都象徵城市化文化的一些類似渴求。齊美爾大可如此概括這一點:用他自己的術語,他可以說,藝術很大程度上是城市生活的產物,根本原因之一,是客體文化作為一種在個體「之上」、與個體「對立」的事物之興起。藝術需要與「他者」的距離——心理上的距離——做為美學沉思的基礎,光靠與自然的距離是不夠的。

第四章 ▸▸ 通往新耶路撒冷的最後路程?

當然,城市文化中的自我實現也可以其他形式出現。其中之一是存在主義,這是二十世紀歐洲文化的標誌之一。在卡謬(Albert Camus)1942年出版的存在主義小說《異鄉人》(*The Stranger*)中,倦怠、疏離的主角莫梭(Meursault)努力嘗試建立個人的價值體系,以回應舊價值體系的消失。他活在無聊、失落的狀態中:信仰完全喪失,生活漫無目的。打從第一句起,這種疏離與失落感彌漫全書:「今天,媽媽去世了。也許是昨天,我不能確定。」莫梭被控在一場衝突中射殺一名阿拉伯人,審訊期間,相對於阿拉伯人被殺,檢方似乎更在乎莫梭在母親喪禮上無法或不願哭出來,因為他們對莫梭欠缺悲傷的表現極度反感。故事結束時,莫梭(挑釁地)承認宇宙對人類「溫柔的冷漠」。在小說的開頭,莫梭以直率、冷漠的形象出現。最後,他接受世界本質上毫無意義,想實現任何意義只能靠個人自己努力。這是一種非常城市的直覺。

赫曼・赫塞(Hermann Hesse)1927年出版的《荒野之狼》(*Steppenwolf*)是另一存在主義經典小說。「來自乾草原的狼」實際上是名叫哈里・赫勒(Harry Haller)的中年男子,他不斷反省自己如何與「大家」——普通人——的世界格格不入,為此困擾不已。他獲贈一本書,書裡描述人的兩種天性:一種是「高尚」、富靈性、「通人情的」(human);另一種則是「低下」、動物般的。人類在這兩種天性之間盲目掙扎,看不見任何其他可能,因此永恆地不

滿,像是受了詛咒。赫勒渴望掙脫束縛,但在現實中,他就是一名單身的中產階級,過著完全符合社會常規的生活。他認為,中世紀黑暗時代的人並沒有比(理想化的)正統古代人遭受更多苦難。受苦最多的,是那些困在兩種處境之間的人。個體化的困窘是城市生活的本質,我們很難找到比這匹荒野之狼更能彰顯這種困窘的形象了──牠來自乾草原,被禁錮在一名單身中產階級的身體內。

* * *

那麼,這一切意味著什麼呢?我們生活在全球化、城市化的世界裡。這能成為我們的新耶路撒冷嗎?當然有一派觀點認為這就是新耶路撒冷,或至少能成為新耶路撒冷。這種觀點的極致是福山的歷史終結論,或佛里曼的世界「平坦」論。人類的交易本能數千年前就已顯現,隨後支撐著現代世界的聯繫、帝國、科技、奢侈品與文化。這種交易本能帶我們走到今天的世界──即使是我們的近代祖先,也會認為這世界充滿不可思議的好處:在這世界裡,個人有超越貧窮、無知、疾病、心理陷阱與卑微社會地位之自由,意味著一名肯亞人在夏威夷出生的兒子,也可以夢想成為改變世界的人;在這世界裡,愈來愈多人聚居在人口數以百萬計的大都市裡,無論是什麼奢侈品或日常需求,負擔得起的人半小時內就能得到滿足;在這世界裡,朋友與家人即使年復一年相隔數萬哩,也能保持聯繫;在這世界裡,語言與文化不同的

第四章 ▶▶ 通往新耶路撒冷的最後路程？

人可以史無前例的方式相愛。

抑或,這只是世界的一面,而且講得太樂觀了?真相是否恐怖得多:人類在自我沉溺中變得神志不清、過度亢奮,夢遊般步向災難?因為我們知道,全球化與城市化也促使人類大量消耗日益稀缺的地球資源;人類必須面對目前的生活方式不可持續之可能,果真如此未來世代將受到極大威脅;數以億計的人仍為赤貧所困,短命、痛苦、無望;這些人和富裕階層的差距日益擴大;即便是生活相對富足的多數人,也必須為跑車與薄型電視付出代價:孤獨,以及揮之不去的恐懼,害怕到頭來一切變得毫無意義;各種世界觀仍存在深刻的衝突,一些人頑固地抗拒理性辯論,激勵了二十一世紀的自殺炸彈客與恐怖組織網絡。

這是進步嗎?如果是,那也肯定是含糊的進步。發展動力顯然很強,這有統計數據為證,開發中國家的許多民眾看得目瞪口呆。但是,城市化實在是非常巨大、非常近代的社會變遷,目前還很難領會人類將因此出現多大的改變。個體化與社會解放無可避免地與城市化糾纏在一起。它們像是推動空前廣泛的自我實現之工具,但同時也有明顯的黑暗面。

1989年與「歷史終結」的兩百年前,法國大革命震撼西方世界。這是整個人類史上最大規模的政治動盪之一。它引發了歐洲四分之一個世紀的戰爭;波及十九與二十世紀的政治動亂;有關人權、社會的本質與國家的角色之爭議,餘波至今仍未平息。周恩來就遠比那些認為1989年是歷史終

結的人有智慧。有次被問到法國大革命有何後果時,他說:「現在下結論還言之過早。」涉及全人類的城市化革命如今遠未結束,評斷其影響肯定也是言之過早。

可以確定的是,無論貧富,我們正為自身的處境苦惱。尤其是在新世紀的頭十年走到尾聲時,世界陷入近八十年來最嚴重的金融與經濟危機,全球化市場資本體制如今上了被告席,這是上一代人不曾見過的事。無論我們身處何地,這肯定不是新耶路撒冷。思考自身的前進方向時,我們為四方面的問題所困擾(很可能會隨著經濟困境加深而愈來愈苦惱):一、一個世代以來驅動全球經濟成長的自由市場資本體制,是否本質上就是不穩定的?是的話,我們該怎麼辦?我們該如何規管商業活動?二、被邊緣化的人怎麼辦?這包括那些在快速成長與成熟經濟體中的弱勢,以及那些因為整個國家搭不上全球化列車,仍陷於貧困的人。三、資源有限的地球應付得來嗎?按照目前的資源消耗速度,我們可以維持當前生活方式多久?四、個體化將帶我們往何處去?如果凡事皆有代價,個體化將如何影響我們的價值觀與歸屬感?如何影響我們對權利與義務、對身分認同之意識?

我們將在接下來的三章裡討論這些問題。

第五章

從鬱金香到次貸到……

沒人清楚梅多先生做的是什麼生意,只知道他是在賺大錢。

——狄更斯,《小杜麗》,1857年

投機若只是在穩固的企業基礎上製造出一些泡沫,那或許沒什麼害處。但如果企業成了投機漩渦中的泡沫,情況就嚴重了。一國之資本發展若變成賭場活動的副產品,這件事就很可能做不好。

——凱因斯,《就業、利息和貨幣通論》,1936年

六十年風水輪流轉,您也遭到報應了。

——莎士比亞,《第十二夜》,1601年

2009年1月底，世界經濟論壇照常在達沃斯舉辦。論壇主題《塑造危機後的世界》（*Shaping the Post-Crisis World*）顯得有點過度樂觀，或許也可以說是高瞻遠矚，因為那時候局勢極不明朗，世界何時能度過危機一點也不清楚。論壇的結論是，全球領袖必須迅速協調出一套方案，處理1930年代以來最嚴重的全球衰退。這是意料之中的辭令：世界領袖像騎士那樣出手拯救世界人民。

在漂亮的辭令背後，不少與會者於論壇期間尖銳批評已明顯崩垮的西方資本主義模式。多年來，西方經濟學家一再批評政府干預與「裙帶資本主義」（crony capitalism）之惡，如今亞洲的政策制定者覺得自己能理直氣壯地還擊。現在輪到西方自我修正，收拾信貸催生的資產泡沫與成長模式慘痛崩潰的爛攤子。

中國總理溫家寶抨擊西方銀行業者「盲目求利、操守蕩然」。他引用亞當·史密斯的話，譴責先前鼓吹自由放任資本體制的國家採行「長期低儲蓄、高消費的不可持續發展模式」。

其他與會者也提出了他們的批評。印度人民黨的傑瓦德卡（Prakash Javadekar）形容西方資本體制「無非是放縱」。日本財務省前高層榊原英資預言「美國的時代已結束」。新加坡李光耀公共政策學院院長馬凱碩（Kishore Mahbubani）表示，亞洲人已從西方的錯誤極端行為中學到一些寶貴教訓：「不要太快放開對金融業的規範，審慎借貸、認真儲

蓄,顧好實體經濟,投資發展生產力,關心教育。」批評者為他們抨擊的西方放縱行為取名「賭場資本主義」(casino capitalism)。

「賭場資本主義」一詞,是在蘇珊・史翠菊(Susan Strange;1978至1988年間擔任倫敦政經學院國際關係學教授)推廣下,1986年開始普及的。該詞成了史翠菊最知名著作的書名。在該書中,她對市場的運作提出警告:無遠弗屆的市場高速運轉,將產生史無前例的全球波動。她關心的是,在絕大多數市場交易跟實際商業需求已沒有直接關係的情況下,活躍的市場波動不定,可能危害現實生活之經濟基礎;以總體經濟的語言講,是市場波動可能導致國家與區域經濟之崩潰。史翠菊集中關注金融市場運作方式上的創新、市場的規模、商業銀行拓展投資銀行業務之趨勢,以及市場管制之解除。

「賭場資本主義」也造成其他問題,並非全是經濟面的。賭場總是會引來騙子,自由運作的金融市場因為有能力令人一夕暴富,難免會引來操縱者與騙徒。在奧利佛・史東(Oliver Stone)執導的1987年電影《華爾街》中,麥克・道格拉斯(Michael Douglas)飾演一名冷酷、無道德感、從可疑交易中賺得巨額財富的都市銀行家,成為當年的奧斯卡影帝。即便是沒看過這電影的人,也約略知道「拉高倒貨」(pump and dump)與「拋空後造謠唱衰」(short and distort)是怎麼一回事,而且對道格拉斯塑造的銀行家形象毫不陌

生。那些還記得1980年代的套利者、企業狙擊手（corporate raiders）與垃圾債之王的人則明白，就像好的諷刺漫畫那樣，道格拉斯的角色，是基於對現實的細緻觀察。在那時候，野蠻人就已兵臨城下；而約二十年後，城門似乎已完全打開。

因此，金融市場及其反覆無常的特質——其劇變、扭曲與操縱——引發人們強烈、普遍的憤怒，是完全不足為奇的。而我們提出以下問題，也是很自然的事：全球化是否促使金融市場全面失控？金融市場最終是否將上演一場永久損害經濟與社會健康的崩盤？一般民眾為什麼要因為這種種毀滅性的放縱而受苦？

2007年開始的這場全球經濟危機，是1929年以來最深、最廣、最危險的金融危機。它甚至可能成為現代世界史上最大的轉捩點之一，具劃時代的意義。當然我們因為距離這場危機太近，對此還無法確定，遑論清楚了解其後果。但至少如美國國家經濟委員會主席、強力捍衛自由市場制度的桑默斯（Lawrence Summers）2009年春所言，認為市場本質上總是傾向自我穩定的信念已「遭受致命一擊……這觀點一個世紀會出錯數次，現在就是其中一次」。

曾有一段時間，事件的規模並不十分清楚。這場風暴2007年夏天爆發後，許多人期望最壞的階段在耶誕節前結束（情況就像1914年8月，歐洲列強以為戰爭可以在耶誕節前結束），又或者最晚延至2008年春天或夏天。但事實上，

第五章 ▶ 從鬱金香到次貸到⋯⋯

這場風暴遠比最初想像嚴重，最終演變成一場空前兇猛的颶風。

本次金融危機波及範圍之廣令人震驚，全球經濟每一個領域均深受影響：信貸緊縮、股市崩跌、股票基金與對沖基金出現流動性問題、支撐退休基金與保險合約的資產價值縮水、公共債務大幅膨脹、匯率波動持續擴散。對許多人來說，這場危機有如晴天霹靂——例如，危機據稱令1987至2006年間擔任美國聯邦準備理事會主席的葛林斯潘「深受震撼，難以置信」。

但這一切並非毫無徵兆，颶風將至或許早在2005年就能察覺。以今天的後見之明，要挑出先前神奇準確的預測、忽略過度樂觀的主流觀點，實在是太容易了。但事實上，當時的確有愈來愈多經濟學家與金融業者擔心全球市場已過度擴張，愈來愈多人認為音樂終有停歇的一刻。

2005年底，愈來愈多經濟學家指出，美國正處於入不敷出的狀態。當時美國是全球最大的債務國，而美國消費者的儲蓄率基本上是零。在此同時，美國政府的財政狀況急劇惡化，因為布希政府減稅之餘，又在伊拉克戰爭上耗費巨資。美國經濟仰賴日本與中國等國家將外匯準備投資在美國公債上，為美國的財政與經常帳赤字融資。低利率支持民眾繼續積極消費，經濟保持強勁成長。但美國經濟處於失衡狀態，而經濟學家也毫不遲疑地指出了問題。儘管如此，很少人真的想像得到，修正最終來臨時會是如此猛烈。

表象之下是一場更重大的轉變：世界經濟的重心正在轉移。遠在2007年之前，這趨勢已牢牢確立，並將在未來一個世代以至更長的時間裡延續下去。本次危機不但沒有終止這場轉變，反而加快了其步伐。這是一場牽涉極廣範圍的巨變，未來半個世紀改變世界經濟的程度，將不亞於上半個世紀。

近兩百年來，世界的經濟重心在西方經濟體，近來尤其集中於美國。七大工業國（G7）儘管僅佔全球人口七分之一，但今天仍佔世界經濟產出一半以上。但從1990年起，老牌工業國的經濟霸權已因開發中經濟體的興起而日益受挑戰，當中尤其以亞洲新興經濟體──特別是中國與印度這兩個世界上人口最多的國家──的勢力成長最顯著。這些經濟體迅速崛起，形成了一個可稱為「總體經濟長方形」的結構。這長方形的一邊是消費國──尤其是美國（或許可稱為世界的「最後消費國」〔consumer of last resort〕），也包括英國及數個其他歐洲國家。另一邊則是「工廠國」──主要是快速成長的新興經濟體，它們製造各式各樣的商品供應西方消費者。第三條邊上是資源供應國──這些經濟體擁有大量石油、天然氣與其他大宗商品，供應工廠國生產所需，近年來因大宗商品價格飛漲而獲益匪淺。最後，長方形的第四條邊上是兩大資本財出口國──日本與德國，它們為工廠國供應生產設備。

近十年來，這個長方形為全球經濟創造了非常強勁的成

長,但它本質上是不穩定的,造成了構成本次危機核心的金融失衡現象。工廠國、資源供應國與資本財出口國累積了龐大的儲蓄,大部分投資在世界準備貨幣——美元上。這種投資影響深遠。美國債市因為吸收了新興市場的過剩流動性,公債殖利率顯著降低(目前超過一半的美國公債落在外國投資人手上,中國於2008年超越日本,成為全球最大的美債投資人)。公債殖利率下滑促使投資人另闢蹊徑,尋找看似能提供較高收益、同時風險有限的金融商品。房貸擔保證券(MBS)顯然是最佳選擇:這種債券容易變現,而且背後有房屋抵押貸款這種債權做為擔保品。投資需求因此刺激此類債券發行量暴增:1990年,美國房貸證券化比率僅10%,也就是僅一成房貸用於發行MBS;到2007年時,該比率已升至70%以上。此趨勢促成房貸放款暴增,遠遠超出放款機構僅靠自身的資產負債表所能融資的規模。

流動性高漲加上投資人追求較高收益,風險對報酬的比率因此開始上升。總結果是房價節節高升,消費者盡情舉債。無論以哪一種標準衡量,西方消費者都已進入非常仰賴債務的高槓桿狀態:美國家庭負債對國內生產毛額(GDP)的比率大幅上升—— 2007年時升至100%,十年前不過是66%;英國整體家庭負債2008年夏季已升至GDP的109%,在G7中居冠。

美國與大部分新興經濟體長期維持寬鬆的貨幣狀態,令本已危險的局面火上加油。2000年網路泡沫破滅、2001年

的九一一恐怖攻擊重創股市，為防止經濟因這些事件陷入衰退，美國聯邦準備理事會快速大幅調降短期利率，並在異常長的時間裡維持低利率。這不但寬鬆了美國的貨幣供給，許多慣性參照美元管控匯率的國家──包括成長速度最快的許多新興經濟體──也因此維持寬鬆的貨幣狀態。因此，在美國維持低利率期間，處於貨幣寬鬆狀態的不僅是美國，還包括許多開發中國家。

提高財務槓桿的不僅是消費者，銀行業者也非常積極。美國金融業整體負債對GDP的比率1981年時不過是22%，到2008年第三季已暴增至117%。英國的情況更極端，金融業總負債接近GDP的250%。整個西方金融體系的財務槓桿迅速升高──直接的一面表現在銀行的資產負債表上（負債比率愈來愈高）；間接的一面則是銀行業者積極推動資產證券化（主要是以房貸為擔保品），將由此而生的證券賣給世界各地的投資人。資產證券化──將房貸及其他放款包裝為債券──1980年代就已問世。近年的新發展，主要是資產證券化市場規模大幅膨脹，財務工程技術突飛猛進，以異常複雜的方式創造出大量新投資工具，供應那些尋找高收益、低風險資產的投資人。結果在新世紀的頭十年裡，所謂結構性融資（structured finance）的複雜網絡在世界各地如雨後春筍般湧現。

金融體系各部分之間的關係日益複雜的另一個跡象，是衍生性金融商品的總價值十年內增加三倍。財務工程技術造

第五章 ▸ 從鬱金香到次貸到……

就的結構融資與資產證券化,將風險分散到世界各地的投資人身上,這意味著放款機構每一元的資本可創造出較以往更多的房貸及其他放款。這進而意味著三件事:一、放款機構很容易禁不起過度放貸的誘惑,資產泡沫會因此膨脹到爆破點;二、風險經轉移後,信貸市場崩盤時誰將承受最終損失可能變得很難確定;三、金融商品結構異常複雜,標的資產一旦出現信用問題,這些商品的真正價值可能變得極不明確。(後來廣為人知的「毒資產」問題,正是拜此因素所賜。)《金融時報》的吉蓮·邰蒂(Gillian Tett)提出一個令人難忘的說法:這一切就像是「棉花糖」財富——少少的糖就能製造出一大朵棉花糖。

在這一切的背後,市場過度自信的傾向,使情況變得更危險。多年來,西方國家享受著所謂「金髮經濟」(Goldilocks economy)狀態,也就是不太熱、不太冷,恰到好處的經濟狀態。但這說法的童話意涵後來證明饒富興味。[1]在金髮經濟狀態下,美、英等國據說可永遠享用中國生產的全部粥。市場體制已造就一種理想狀態:人們既可享受強勁的經濟成長,又不必擔心通膨與過熱風險。景氣循環看來已成歷史。

令情況變得更危險的,是連風險控管經理也往往過度相

---

[1] 譯註:「金髮經濟」的說法源自童話故事《金髮女孩與三隻熊》:金髮女孩闖進了三隻熊的家裡,發現桌上有大中小三碗粥、大中小三把湯匙,她逐一試吃,覺得小的那碗味道最好。

信風控體系無懈可擊。有些人還以「風險控管的黃金時代」形容這樣的金融體系：風險測量模型非常精密，棘手的金融生意因此變得空前安全。此信念的核心藏著一個普遍的假設：市場永遠能維持足夠的流動性，任何金融商品皆可輕易買賣轉手。只要是可測量的，看來就是可控管的；只要是可控管的，也就大可放心。在這個所謂的黃金時代，銀行業者與投資人運用最終目的是為債務定價的複雜模型，將風險系統化了──問題是沒人料到信心一旦崩潰、金融市場流動性枯竭時，這些模型會這麼快就土崩瓦解。因此，這個黃金時代其實是一個風險控管不足的時代，因為太少人了解風控模型及其局限，而且也因為眼前的利益實在太過誘人，沒人捨得錯過：漲潮時所有船隻都會浮起來。

　　人們常用「完全風暴」（perfect storm）這說法，以致有時忘了其出處。這說法源自賽巴斯提安‧鍾格（Sebastian Junger）1997年出版的報告文學。該書敘述1991年萬聖節前夕的特強東北暴風如何傾覆漁船安德麗亞蓋爾號（Andrea Gail），重創許多美國捕魚與航海家庭。書名是源自鍾格就形成風暴的天氣形態，與氣象學家的訪談。這些氣象學家表示，這場風暴匯聚了所有最壞的可能元素──就算事先用電腦設計一個想像得到的最惡劣風暴，也無法超越這一個。相對之下，始於2007年的金融危機不能稱為「完全危機」（perfect crisis），因為我們完全可以想像出遠比現在更壞的狀況。然而，雖然我們跟這場危機只能拉開一點時間距離，

稍加觀察仍可清楚看到，這個毀滅性的漩渦是由許多股力量匯聚而成的。

我們已提到其中一些：總體經濟形勢造成的嚴重金融失衡；全球持續良久的寬鬆貨幣時期；總體經濟、機構與個體層面上的嚴重自滿；對自身的風險控管技術過度自信的金融體系；以及資產證券化與風險廣泛擴散導致的泡沫全球化。未來多年，經濟歷史學家肯定將埋首研究這段時期。

而且，就像風暴前的典型情況，這場危機爆發前有一段非常平靜的時期。當然，這只是虛妄的平靜；危機爆發後就是一連串驚心動魄的「殘暴」事件。

這場風暴終於爆發時，為什麼會如此出乎意料的嚴重呢？2007年初，種種跡象已非常清楚：一切看來皆處於緊繃狀態——不僅是房貸，諸如槓桿貸款等其他金融市場也是這樣。美國、英國及其他一些地方的房市正在降溫，人們日益擔心金髮經濟狀態將要結束（雖然通膨風險看來跟衰退風險一樣大）。

世界金融狀況看來無疑緊繃——但在此同時，金融市場受龐大的流動性支撐。亞洲及中東主權財富基金手上滿是可投資的資金。出口導向的主要新興經濟體之外匯準備逐月增加。全球私募基金市場一片榮景；2007年金融市場集資額創歷史新高。緊張情緒肯定有，但流動性似乎綿綿不絕。

國際貨幣基金2007年4月發表的官方預測反映了當時的主流觀點。報告前言的第二段一開始是這麼寫的：「本次

《世界經濟展望報告》認為，相對於2006年9月上次報告時的情況，全球經濟風險有所降低，這或許會令讀者感到意外。」該報告進而指出，儘管美國房市出現令人憂心的情況，而且美國經濟成長放緩，預計「全球經濟將繼續強勁成長」。國際貨幣基金指出一些正面跡象，包括美國就業市場強健、歐元區出現六年來最高成長率、日本經濟動力增強，以及中國與印度異常強勁的成長。報告提醒讀者，2003-07的五年間，全球經濟創造出1970年代初期以來最快速的持續成長。但是，五個月之後，所有人都已清楚看到：不可思議的事已在眼前展開。

事實上，國際貨幣基金發表其展望報告時，毒害已在體系中蔓延。2007年春，房貸證券化市場開始枯竭。到2008年秋，該市場已幾乎完全停擺——也就是說，約三分之一的民間信貸市場已無法供應資金。此時市場走勢也已逆轉。至2008年9月，美國房價平均已自2006年中高點下滑逾20%。自2007年起，慘痛調整的跡象開始暴露無遺：房貸止贖（foreclosure，指借款人因違約而失去贖回房屋的權利）個案增加，銀行業者必須為仍留在帳上的房貸擔保證券認列大筆減值損失。

恐懼開始在金融市場蔓延。2007年秋，銀行同業拆款市場似乎逐漸凍結。銀行業者因為對彼此的資產負債狀況憂心忡忡，大幅收縮對同業的放款。正如某些人士當時所言，金融體系愈來愈像一支無法有效運作的足球隊：每一位球員都

不願意傳球給隊友，因為害怕球傳出去後再也回不到自己腳下。

對銀行體系來說，週轉不靈是致命問題。週轉不靈的銀行很可能比資本不足的銀行更快陣亡。為紓緩銀行間資金緊張狀況，避免全球銀行體系全面崩潰，多國央行相互協調，為貨幣市場注入巨額現金。

不過，銀行及其他放款機構仍開始陸續倒閉，美國和歐洲莫不如此。2007年9月，英國北岩銀行（Northern Rock）各地分行出現秩序井然的排隊人龍，這畫面在世界各地喚起了對昔日銀行擠兌的集體記憶。到2008年下半年，紓困（bailouts）、資本重組（recapitalizations）與破產等消息，似乎已壟斷世界新聞主要版面。

關鍵事件發生在2008年9月14日星期天：投資銀行雷曼兄弟宣布將申請破產。這是美國歷史上最大的破產案。十二個月來承受日益沉重的壓力，已處於嚴重虛弱狀態的金融體系因此受了重重一擊。在此之前，債權人對金融體系的穩定性仍有相當信心，足以讓他們將個別的金融機構破產案歸因於特殊因素，例如資產證券化市場枯竭造成的問題。但自雷曼兄弟破產這一刻起，人們愈來愈擔心整個金融體系可能崩潰。

金融體系崩潰意味著什麼呢？銀行關門、無數企業與個人無法動用自己的存款，也無法取得貸款──這會導致企業倒閉、失業情況惡化、社會普遍困苦、恐慌。事實上就是

1930年代的夢魘重現。而且這種恐懼不受國界阻隔，會像中世紀的瘟疫那樣席捲世界。

至此，金融危機也已開始重創實體經濟，而且幾乎沒有國家能夠倖免。這不僅是全球化的證券化年代第一場重大金融危機，也是全球「及時制」(just-in-time)經濟遭遇的第一場危機。及時制理念講究「在正確的地點、正確的時間，擁有分量恰到好處的所需物資」，完全不仰賴裝滿備用物質的貨倉發揮安全緩衝作用。1920年代初，亨利・福特提出及時制管理概念，豐田汽車自1950年代起加以完善並積極應用。如今及時制日益成為全球通行的慣常做法、製造業成功的必要條件。不過，它對始於2007年的這場危機之後果有兩大影響。

首先，這意味著體系缺乏彈性。源自金融地震震央的衝擊波以空前直接的方式撼動製造業，這是幾乎沒有人真正預見到的。在一個接一個的產業，業者驟然發現訂單空空如也。零售業出現這情況或許是可預期的，但連化學、營建、工程、鋼鐵、塑膠、航空，以及許多其他產業也莫不如此。幾乎沒有一個產業能毫髮無傷。

第二，金融地震撼動全球的同時，及時制體系也透過全球化的供應鏈（湯馬斯・佛里曼描述的戴爾電腦供應網就是一個著名的例子）將衝擊波擴散至全球。因此，在各國銀行因金融資產崩跌而搖搖欲墜之際，製造業供應鏈以空前的高速將經濟衰退的效應傳遍世界。

經濟驟然轉弱進而波及大宗商品市場與資本財的出口。因此,總體經濟長方形的四條邊全受衝擊。舉例來說,原油價格觸頂後,四個月內即暴跌逾四分之三:從2008年7月11日的每桶147美元,跌至2008年12月21日的低點34美元。受此影響,在沙烏地阿拉伯與科威特等國家(石油佔這兩國國民所得90%),人們多年來首度擔心起國家的收支平衡。

2009年春,國際貨幣基金的論調跟兩年前已截然不同。該組織警告,所有先進經濟體均可能陷入深度衰退,問題在於「腐蝕性的」金融業與停滯的經濟之間出現「互相增強的負面回饋環路」。IMF稱,這種互拖後腿的情況已加劇,2010年中之前復甦的希望已減弱。2008年10月,英國央行已發出警告,稱信貸危機開始衝擊經濟。該行稱,大量英國企業可能因信貸短缺而倒閉。該行定期的信貸情況調查顯示,此前三個月中,企業可用的信貸額大幅萎縮,這是以下惡性循環的一部分:因應不景氣,銀行業者削減對企業的放款,企業的資產負債表因此遭削弱。

失業人口節節上升。針對2009年的勞工市場預期強化了普遍的悲觀情緒:全球失業人口估計將增加2,000-5,000萬人。愈來愈多人發出警告,世界可能重蹈1930年代「金融死亡之舞」(financial dance of death)的覆轍:所得下滑、失業惡化,債務實質負擔日益沉重。

1929-32年間的事件與2007-09年間的事態無疑有一些令人不安的共同點。大蕭條也是源自銀行業者的資產價值暴

跌,這進而扼殺了實體經濟的命脈。大蕭條也並非僅是美國製造出來的——它在國際間蔓延,而且也強力呼喚國際合作化解危機。

但政府的作為與無為令1929年的危機惡化成一場國際浩劫。政府最惡劣的措施(事實上可說是整個二十世紀最惡劣的經濟法規之一),是美國國會1930年通過《斯姆特－霍利關稅法案》(*Smoot-Hawley Tariff Act*)。該法案將逾2萬項進口商品的關稅提升至歷史高位,引發經濟學家群起反對,但未能促使胡佛總統否決法案。此外,政府還緊縮貨幣供給,並致力平衡預算。除此之外,當局基本上無所作為。在大西洋兩岸,銀行紛紛倒閉,但當局的反應毫無章法,囿於意識形態爭議,效果微弱得無可救藥。(東尼·傑克森〔Tony Jackson〕對此有較具體的描述,見《金融時報》2008年10月5日文章〈Parallels with 1929 Highlight Need for Radical Thinking〉。)聯準會則陷於癱瘓狀態:1931年2月,公開市場委員會根本不曾開會。結果,面對信心危機之擴散,小羅斯福總統被迫採取斷然手段,下令美國銀行業者全體暫停營業逾一週。

在1930年代,沒有國家願意擔當領導。第一次世界大戰之前,英國的金融實力全球稱雄。但到了1929年,英國已無法領導世界,而美國此時對自身在世界舞台上的角色仍舉棋不定,不願意擔當領導。結果,大群國家聚首商討對策,最後卻是徒勞無功。1933年6月,六十六國的代表在倫

敦召開世界經濟會議，討論如何終止全球蕭條、重振國際貿易、穩定國際貨幣，結果會議不光彩地失敗收場。

相對之下，各國對2007-09年危機的反應非常積極。「我們如今都是凱因斯主義者」成了各國通行的口號。這句話是米爾頓‧傅利曼1965年創造出來的，多年後規管國際貨幣體系的布雷頓森林協議於1970年代初瓦解時，尼克森總統令這句話變得人盡皆知。隨後在後柴契爾／雷根年代，新自由市場導向的觀點成為主流，凱因斯主義失寵，但現在這場危機又令它再度風行。至2008年夏天，人們已爽快接受凱因斯政策，連那些擔心相關政策長遠損害公共財政的人也不例外。

至此，人們普遍接受政府在經濟需求不足時，有必要以減稅及／或增加公共支出的方式穩定局面，而不是聽任自由市場自然發展。此一凱因斯觀點扭轉了先前二十年的正統觀念。二十國集團（G20）2008年11月的公報彰顯了此一凱因斯共識：各國矢言「以財政措施刺激國內需求快速成長」。美國、英國、中國、日本與韓國全都成了財政刺激措施積極有力的擁護者。貨幣政策方面，在利率降至接近零後，多國央行祭出它們的終極手段──量化寬鬆。這措施讓央行得以透過購買債券、房貸及其他資產，為市場挹注資金。許多人認為，當局如此大灑金錢，未來數年世界將面對通膨重燃的考驗；不過，幾乎所有人都同意，相對於當下的通縮威脅，未來的通膨風險較不可怕。

世界摒息觀望（同時疲憊不堪：未來史書敘述這段時期時，若是對牽涉其中的政策制定者、監管者與銀行家普遍的緊張與十足的疲憊輕輕放過，我會認為是遺漏了重要的一面）。消費者將如何回應如此重大的「經濟人工呼吸」措施？貿易與投資會再度連結起來嗎？通膨何時再度抬頭？新興市場所受的挫折有多嚴重？這一切有何地緣政治涵義？

無論答案為何，一場重大衝突顯然正在上演。這場衝突源自長、短期需要之間的張力：短期內我們有必要盡可能遏止衰退，長期而言世界必須經歷重大調整，迎接截然不同的新局面。短期而言，採用凱因斯手段刺激經濟、應付衰退，避免陷入遠比目前嚴重的困境，這種做法是有堅實理由支持的。人們害怕衰退可能演變成通縮甚至蕭條，絕非毫無根據。

但是，中期而言，我們在2009年已清楚看到，危機背後的失衡現象（部分是全球性的，部分是國家層面上的）必須解決，而這並不是凱因斯刺激措施所能辦到的。全球而言，源自總體經濟長方形的失衡現象是最根本的問題。像美國等經濟體中的消費者能如何學會減少借錢、增加儲蓄？相對的，儲蓄高得異常的國家能如何刺激內需，減少倚賴出口？國家層面上顯然也有失衡現象需要糾正，例如英國就太偏重金融服務業了。太多工程師在銀行交易室裡工作。為恢復平衡，我們需要一個較穩定、較低槓桿的金融市場。

關鍵的一點是，這一切肯定沒有快速見效的解決方法：

第五章 ▶ 從鬱金香到次貸到……

2009年的問題非常複雜,我們需要辯論、深思,並注意歷史教訓。

*　*　*

關於這場始於2007年的危機,未來人們將利用更大的後見之明撰寫著作。不過,儘管這場危機非常嚴重,可以肯定的是,這不會是最後一場金融危機。從愛德華三世起,世界金融史可說是危機此起彼落的歷史。(英格蘭國王愛德華三世1339年拒絕對他的義大利債權人償債,數家義大利銀行因此倒閉,佛羅倫斯一片愁雲慘霧。)

從往日泡沫的簡稱中,我們可以看到人類在希望與失望之間擺盪的旅程是多麼多姿多采:1637年的鬱金香狂熱、1720年的南海泡沫、1926年的佛羅里達營建泡沫、1960年代末的「漂亮五十」(Nifty Fifty)績優股、1970年的波塞頓泡沫(Poseidon bubble;澳洲礦業股泡沫),以及1998年的網路股泡沫。這些事件迄今仍然難以解析,因為群眾心理是當中的一個關鍵因素:金融泡沫從來就不僅僅是經濟數學問題。即使許多、甚至是大多數市場參與者完全清楚資產的正確價格,泡沫仍有可能出現。泡沫的過程相當複雜,它們將永遠與我們作伴。

金融危機往往跟人們對新技術過度樂觀有關。網路股泡沫就是一個好例子:人們因為極度高估網路應用的獲利能力,將股市推升至荒謬的高位。但這不過是最新的例子。

1873年的美國鐵路業危機發生在截然不同的時代,但基本上是同一回事。美國經濟於十九世紀曾飽受連串恐慌事件困擾,1873年的事是其中一例。這起事件因費城銀行業者傑伊庫克公司(Jay Cooke & Company)破產而觸發。該銀行創辦人庫克及一些企業家計畫修建北太平洋鐵路(Northern Pacific Railway)——美國第二條連接東西兩岸的鐵路。傑伊庫克公司為此提供融資。1870年2月,工程於明尼蘇達州港口城市德盧斯(Duluth)附近展開,當時許多人非常樂觀看待這條鐵路的前景。但不久之後,市場上開始流傳對傑伊庫克公司不利的信用傳聞。1873年9月,該公司無法替北太平洋鐵路賣出數百萬美元的債券,這成了壓垮該公司的最後一根稻草。傑伊庫克破產發生在美國鐵路業的脆弱時刻,正值鐵路建設狂熱走到尾聲——1866至1873年間,美國鋪設了3.5萬哩的新鐵路。鐵路業當時是美國除農業以外雇用最多勞工的產業,牽涉巨額資金與風險。投機客促成了異常的成長,太多資本投入到無法提供即時報酬的項目上。傑伊庫克破產觸發鐵路業崩盤,紐約證交所停市十天,美國逾350條鐵路四分之一破產收場。

1870年代的動盪催生了安東尼・特洛普(Anthony Trollope)1875年出版的《我們現在的生活方式》(*The Way We Live Now*),這肯定是歷來最偉大的金融市場小說之一。小說主角奧古斯塔斯・梅爾莫特(Augustus Melmotte)來到倫敦,希望揚名立萬。他追求名利雙收的策略,是推銷一個

建設項目：興建一條連接美國與墨西哥的鐵路。梅爾莫特希望透過發行股票為這項目籌資，但從不曾真正指望這項目能賺錢：刺激投資人對股票的需求才是最重要的事。隨著帳面財富增加，梅爾莫特盡興娛樂，過著奢華的生活，並對社會重視的公益事業慷慨解囊。

結果他的詭計被拆穿了，詐欺行為暴露出來，名譽掃地之下自殺身亡。他代表一種人物典型：操縱市場、欺騙社會、詐騙投資人，亟欲得到別人的認同、欽佩與歡迎（至少梅爾莫特及許多其他例子是這樣）。這種人物歷來所在多有，至今仍不罕見。梅爾莫特的故事悲劇收場，這是此類故事的典型結局，而類似悲劇在十九、二十與二十一世紀一再重演。希臘人給了這種罪行一個名字：狂妄（hubris）。

自愛德華三世開創新河以來，國家賴帳也是常見的事。1990年代末，俄羅斯經濟面臨全面崩盤的危機，涉及該國的匯率、銀行體系與公共債務。國際間協調出一個救援方案，一開始推行就挹注了226億美元的流動資金。當局認為俄羅斯「大得不能倒」，因此援助措施是必要的。但是，這國家還是倒下來了。到1998年夏天，俄羅斯工人已被拖欠數以十億美元計的薪水，而俄國公債每月的利息支出顯著超過政府每月稅收。1998年8月17日，俄國政府宣布貨幣即時貶值，並強制重整以盧布計價的公債。這是近十多年來兩大國家違約案之一（另一次是2001年的阿根廷），但同類事件還有很多：自1970年以來，平均每年一宗。

跟人類心理根本相關、同時又特別麻煩的一種泡沫，是房地產泡沫。家與安全感緊密相連，加上人們真的會害怕不及時把握機會將永遠當不上屋主，許多國家的民眾因此常常竭盡財力購屋，刺激房價膨脹。房價崩盤對國民經濟的打擊尤其慘重，因為消費者信心會受到異常嚴重的打擊，對民眾的行為有「切身」影響。日本房地產與股價泡沫1990年破滅，留給日本社會遠遠超過十年的創傷。這經驗實在恐怖：2009年，美國歐巴馬總統不忘引用此例，警告那些反對他的經濟刺激方案的人。

　　俗話說，忽略歷史教訓的人注定要重蹈覆轍。表面看來，我們的確是有吸收一些教訓。例如，倫敦主要銀行業者歐沃倫格尼公司（Overend, Gurney & Company）1866年倒閉後，白芝浩（Walter Bagehot）提議賦予英格蘭銀行（即英國央行）最後放款人的新職能。此提議在1890年的霸菱（Barings）危機中首度實踐。1929年10月華爾街崩盤後，美國聯準會未能阻止美國銀行業者如骨牌般接連倒下，近代的領袖就沒有忘記這教訓。究其根本，全球化雖然是人類精神產生的一種現象，但它也產生了非常具體的實際結果——這在金融市場最明顯不過了。人們如今愈來愈清楚認識到，金融市場裡所有事物皆互有關聯。所有類型的機構，無論規模大小，都可能因為牽連甚廣而不能輕易任其倒閉。雷曼兄弟破產的效應，從華爾街到香港以至新加坡，各地無不感受得到，其中的慘痛教訓有待我們牢牢記取。

第五章　從鬱金香到次貸到⋯⋯

人們如今記得阿爾方斯・卡爾（Alphonse Karr；1839至1848年間任《費加洛報》主編），主要因為他創造了這句法文「plus ça change, plus c'est la même chose」（萬變不離其宗）。卡爾寫出這句話時，已經歷過滑鐵盧戰役與1848年革命，因此肯定已見識過世事變易。如今這句話是英語中最常用的法文句子之一，某意義上可用來形容金融危機。歷史形態總是一再重複：信心衍生莽撞，恐懼觸發崩潰，再來就是獵巫──最終是恢復成長。人類的情緒看來也總是一再重複：貪婪、恐慌、羞愧與憤怒、自責與清醒──最終是再度亢奮。

不過，馬克・吐溫也說得對：「歷史不會重演，但類似的事會一再出現（The past does not repeat itself, but it rhymes）。」2007年起發生的事新舊參半，以下這些是關鍵的新元素：網際網路、資產證券化、及時制訂單管理制度，以及全球供應鏈。它們或許並不完全是新鮮事，但均已達致一定強度，讓我們可稱本次事件為第一次全球市場危機。這是一個高度全球化的泡沫、一場高度全球化的危機。歷史螺旋式前進，而不是原地打轉。

因此，阿爾方斯・卡爾看透世情的名言，不應令我們看不清一個事實：世界一旦復元，就再也不會跟以前完全一樣。據說所羅門王當年安排了一個僕人，無論環境順逆，都會一再在他耳邊低語：「這也是會過去的。」危機的確是會過去的，即使是非常嚴重的危機。只是，事物是不會恢復原

狀了,因為世界已經見過深淵。1930年代的經驗促成主要國家推動建立世界新秩序,這過程始於1944年7月的布列敦森林(Bretton Woods)會議,當時二戰還未結束。該會議催生了國際貨幣基金組織與國際復興開發銀行[2],為戰後世界建立起新的金融秩序。

在2007-09年這場危機之後,市場基要主義(market fundamentalism)的失敗,以及世界經濟恢復平衡的需求,將無可避免成為新世界新秩序的起點,而新秩序將深刻改變國際關係。或許會有些忠實信徒繼續相信未來將一切如常,但人們的共識是:往日的模式至少是「有缺陷的」——前聯準會主席、市場基要主義者葛林斯潘也已承認這一點。全世界的社會都要求從業者的懺悔與從政者的行動。

在2009年發表於《金融時報》的一篇文章中,耶魯大學歷史教授、國際安全研究主任保羅·甘迺迪(Paul Kennedy)想像四位卓越的經濟學者對始於2007年的這場危機會有何反應。亞當·史密斯——資本主義哲學的實際奠基者——會對大部分消費者貸款的不道德本質深感震驚;馬克思——資本主義的學術大敵——會因為市場的崩潰而得到一些幸災樂禍式的快感;熊彼得(Joseph Schumpeter)——「創造性破壞」(creative destruction)一詞的普及者,親資本主義但對其週期之內在波動保持警惕——會大致支持「我們

---

[2] 譯註:世界銀行的一部分。

第五章 ▶ 從鬱金香到次貸到……

新的後過度（post-excess）新資本主義政治經濟……在此體制下，市場的動物本能將受多種國家與國際動物管理員嚴密監控（與馴服）──絕大多數旁觀者會衷心支持這種馴服。」凱因斯也會同意熊彼得的說法。

這種馴服確切如何實踐仍有待觀察。這場令世界震撼、恐慌的危機有許多教訓可吸取：銀行、政府與監管者、信評機構、投資人與借款人均應記取寶貴的教訓。許多銀行槓桿過高，太仰賴大額融資（而不是顧客的實際存款），過於專注追求短期利潤，忽略了創造真正的長期價值。監管者忽略了銀行的流動性管理，因此在危機爆發時措手不及。信評機構太樂於與銀行的財務工程師合作，協助他們創造出表面上信用品質強健、結果證實在市場流動性枯竭時禁不起考驗的投資工具。投資人汲汲追求收益與盈利成長，忘了「好得令人難以置信」的東西往往就是不可信的。借款人則常常禁不起即時享受的誘惑，欣然接受金融機構濫發的貸款。

在公眾眼中，銀行業者是罪魁禍首，他們因此成了公眾宣洩怒氣的首要目標。銀行家的名聲如今是數十年來最低落的。傲慢、貪婪、寡信、麻木不仁，種種罪惡令人難以原諒。公眾看到有些人領取的薪酬與獎金是勤奮工作、對社會有價值的普通人的很多倍，但他們從事的「煉金事業」驟然崩盤，迫使納稅人拿出巨額資金救急善後，對此不公平現象的怒火因此燃遍全世界。然後，隨著經濟衰退、企業破產、失業人口增加，銀行業者──包括納稅人出資拯救的那些

——卻似乎收緊信貸，扼殺許多人的生計，令經濟困境雪上加霜。這難免引發更多憤怒。即使真相比新聞標題描述的複雜，重建公眾對銀行業的信心與尊敬，仍將是極度艱鉅的任務。

* * *

那麼，新世界的新秩序應該是怎樣的呢？這問題大大超出本書的範圍，未來將有許多議論這問題的書付梓。不過，無論新秩序的最終形態如何，有四個關鍵事實顯然是我們必須考量的。

首先，市場是無可替代的。在最壞的情況下，市場是不公平、粗暴、毀滅性且危機四伏的，這一面我們現在已強烈意識到。但在最好的情況下，市場是非常有效率的資本配置機制，而且已為人類貢獻了極大的好處。資本體制創造財富的功能，從中國、印度及其他亞洲國家推動市場經濟改革後，經濟表現脫胎換骨可見一番。儘管本次金融危機導致世界GDP自二戰以來首度萎縮，近二十年來全球化市場資本體制成就非凡，原本貧窮的社會中數以億計的民眾物質生活大幅改善。邱吉爾為民主辯護的名言——「如果不考慮人類曾試驗過的所有其他制度，民主是最壞的政治制度」——同樣適用於市場體制：如果不考慮人類曾試驗過的所有其他制度，市場是經濟與社會發展最壞的引擎。

第二,時光無法倒流——無論是短期還是長期,我們皆無法回到從前。我們無法回到全球化資本市場出現之前的1970年代:精靈已經跑出瓶子;當年的管控體系,即使是在英國如此已開發國家,如今也會被認為與開放社會不相容。我們也無法回到更久之前,生活較簡單、社群色彩較濃、聯繫較不緊密的「黃金時代」:在現今這個人口稠密、城市化、通訊頻繁的世界,那是不切實際的。在進步與改革之外,我們別無選擇。例如中國內部的改革過程或許是完成了一半。該國經濟快速成長,民間部門估計佔經濟產出總額一半左右,銀行業已經過徹底的重整與改革。但中國還有很長的路要走,該國經濟的重大挑戰之一是國內資本市場仍處於初生階段。沒有證據顯示一個日益複雜精密的現代經濟體,能只靠銀行業為發展融資。經濟若想基於更有效率的資本配置持續發展,發展資本市場是必要的。中國當然希望能從國際市場的崩盤中吸取教訓,但同樣肯定的是,該國不會認為自己可以沒有資本市場。中國如此,所有經濟體,無論是已開發還是開發中,也都不例外。我們的確必須記取教訓,抑制過分的行為、確保透明度、調整激勵機制,力求完善市場運作;簡而言之,我們不是要廢除市場機制。

因此,第三,政府的監理、規範以及危急時期的干預是必要的。我們不能指望市場能管好自己並保持穩定。而且,社會要均衡發展,也不能光靠市場(沒有證據顯示醫療與教

育等關鍵福利事業能主要仰賴市場機制）。經過這場全球危機,「華盛頓共識」必將破產。根本問題在於世界領袖能否塑造出全球經濟秩序的新共識,既保存市場力量的活力,又能馴服市場（在承擔風險與獎勵冒險這兩方面）的過分行為。到2009年時,我們已清楚看到,為促進有效的跨境市場監督,國際間的政府合作必須加強。市場已不可逆轉地互相滲透、互相連結,管理這樣的市場需要有效的國際架構。在新的全球秩序下,我們必須為國際合作建構更強健的制度。

最後,我們必須接受一個事實：世界經濟重心正從西方移向東方,全球經濟勢力版圖因此正在轉變。這一點對加強國際合作至關緊要。世界正在尋找新的均衡局面,人們日益普遍認為國際體制架構必須調整,以反映全球化世界的新現實。已開發國家將必須讓出一些位置給近年強大起來的新興經濟體。西方如果希望亞洲國家幫助拯救面臨崩潰的世界金融體系──例如提供資金給國際貨幣基金,那就必須承認這些國家新累積的實力,讓出在國際組織的一些表決權給它們。此外,新興經濟體開始提出有必要放棄美元做為世界準備貨幣（中國就已表達此意）,是完全不足為奇的。未來多年,這種呼聲將愈來愈堅決。

不管即將出現的新秩序確切形態如何,它必須適當回應上述四個事實,否則將無法持久。事實上,2009年4月G20倫敦峰會令人難忘的聲明承認了這一點：

首先，我們相信繁榮是不可分割的；成長若要持續，必須是共享的；我們的全球復甦計畫必須以辛勤工作的家庭之需要與就業為核心，不僅是已開發國家之家庭，也包括新興市場與最貧窮國家之家庭；而且，復甦計畫不僅必須反映當代人的利益，還必須顧及未來的世代。我們相信，可持續的全球化與全球日益繁榮唯一可靠的基礎，是建基於市場原則、有效監理以及強健的全球體制之開放型世界經濟體。

最後一句值得咀嚼。經歷這場大動盪之後，儘管許多國家的民眾出現對全球化的忿恨與恐懼，政治體制迥異的國家（舉例來說，G20中包括美利堅合眾國、中華人民共和國、俄羅斯聯邦，以及沙烏地阿拉伯王國這四國）之領袖宣稱，全球共同的繁榮仰賴「本諸市場原則、有效監理以及強健的全球體制之開放型世界經濟體」。

阿門，但願如此。事實上，逐漸浮現的新秩序最引人注目的其中一面，正正是G20成為國際政策措施日益核心的協調論壇，以及G7的邊緣化。G20這論壇將如何演變尚待觀察，但過去這種論壇不邀請新興市場國家，或是僅讓它們當觀察員的年代顯然已一去不返。同樣引人注目的，是在全球化第一場危機正激烈之際，各國領袖能達成這樣的共識。當然，要批評G20峰會不足之處還是很容易的：含糊的妥協、辭令與行動之間的落差（尤其是在保護主義方面），以及尚

未移除的障礙等。但是，2008-09年間國際合作的成果，跟1929-32年間各國短視的失敗悲劇對比強烈，未來歷史學家料將對此印象深刻。

G20聲明的主旨帶出了市場體制無可避免的模糊性。市場性質如此，因為人類本性如此：我們是不完美的商業動物。本書第一章提到三種模糊性，第一種藏在不完美的本質之中，最能彰顯這種模糊性的人類行為，很可能就是我們的商業行為。英國前財政大臣勞森（Nigel Lawson）在2009年一篇文章中簡潔地概括道：「實踐證明資本主義存在固有的缺陷，對此我們不應感到意外，因為那是人性使然。」不過，他也補充道：「但更重要的是，歷史，尤其是第二次世界大戰之後的世界歷史，無可置疑地證明了所有其他經濟制度遠遜於資本體制。」注意，這是邱吉爾式的辯護。勞森續稱：「因此，資本體制值得存活下去，而且也會存活下去，一如它經歷1930年代那場更嚴重的經濟災難後那樣。」問題是，確切是哪一種資本體制呢？

我們必須讓未來的路更好走一些。我們正處於一個相互連結、全球化、複雜且自我意識日強的世界（德日進神奇地預見到這世界的出現），這世界的新型資本體制將慢慢從原有的模式演變出來，不過它將配備新的工具，受到新的束縛。我們不會看到經濟的鐘擺從自由市場基要主義驟然轉到某種中央計畫的經濟模式，或是某種較簡單、不相互連結、未城市化的狀態。

目前人們正在辯論較溫和、持重的新資本體制該如何建構。部分論者指出，我們有可能迎來「歐洲時刻」：相對不受約束的「盎格魯撒克遜」資本體制向歐陸模式靠攏，自由市場受較嚴格的規則約束，國家提供慷慨的福利制度。即便是盎格魯撒克遜模式的支持者也表示，必須重新評估資本主義價值觀：創造股東價值不應像近二十年來那樣，被奉為企業管理至高無上的目標。它應當是企業經營有方的結果與標誌，而企業經營有方意味著在賺錢的基礎上為顧客提供美好價值的服務。

人們一般認為資本主義是市場導向、汲汲求利、以產權為基礎的體制，我們先前提過的印度經濟學家沈恩最近質疑此一標準觀念。他指出，世界上所有的富裕國家（歐洲國家，以及美國、加拿大、日本、新加坡、韓國、台灣、澳洲等）均曾在至少數十年裡仰賴市場體系之外的經濟活動，例如失業救濟、公共退休金制度及其他社會保障措施，以及公共的教育與醫療體系。儘管這些國家存在種種差異，它們全都擁有一個並不完全仰賴、也不能完全仰賴市場體制的社會經濟模式。

此外，許多人──例如包括中國總理溫家寶──認為新的資本體制必須體現以下願景（主要是受亞當·史密斯的《道德情操論》啟發）：過度投機受控管手段抑制；利潤之外的價值（如互信與信心）得到真正重視，人們也須體認它們對社會經濟福祉的關鍵角色。

簡而言之，二十一世紀的資本體制顯然必須找到一套徹底更新過的道德規範來支持它。它必須首先思考以下問題：進步是什麼？是累積財富那麼簡單嗎？還是必須顧及廣義的生活品質，考量較完整的幸福觀念？各種調查一再顯示，經濟進步並未如預期般令人感覺更幸福，而許多人為經濟進步付出的代價是人際關係惡化。一般而言，人們並不認為自己比父母那一代更快樂或更幸福，儘管在許多社會中，物質生活水準無疑是高於上一代。此外，人們之間的信任感明顯減弱了。信任感之崩潰就銀行業而言是很明顯的，但這其實是商界的普遍問題——而且連家庭生活與一般的社會關係也不能倖免。

＊　＊　＊

　　因此，公眾質疑自由市場體制是不足為奇的。資本主義制度的核心是信任。（最明顯的莫過於銀行業。「Credit」〔信用／信貸〕一詞源自拉丁文credere，意思是「去相信」。因此，信貸危機按照此詞的本義，正是一場信心危機。）

　　因此，如果我們想恢復市場中的信任與信心，我們就必須處理其根源的道德問題。信任與信心無法一夕間復原，也無法靠誰的命令恢復：復原的過程，必須始於認清已發生事情的道德意涵。我們好像日益接受以下觀點：我們所做事情的價值，完全取決於市場、對法規的遵循以及契約的履行。

如果市場接受、法規允許，而且有契約為憑，我們就覺得完全不必再考慮事情本身是否正當。但是在個人的生活裡，我們卻不會（或者至少是不應該）這麼做。那為何這在商業上卻是可接受的呢？

因為我們屈服於分隔之惡習（見第一章）。實情是企業的價值取決於我們經營企業的價值觀。資本體制必須將價值觀與價值融合起來。我們——董事會、管理層與股東——必須承認，價值觀超越「不遭報應或懲罰就好」（what you can get away with）的層次，而價值觀最終對價值——可持續的價值——至關緊要。改善風險控管、加強規範、在公司法中明訂董事的職責，這些都是必要之舉。但如果欠缺價值文化，這一切是不夠的，也不可能足夠。個人而言，我們不會僅是以合法與否來約束自身的行為。我們有自己的行為準則，據此要求自己，並對自己的行為負責。資本體制中的機構——企業、銀行及其他金融機構——也必須這麼做。這是重建公眾對市場信任的必要條件，因此對社會的整體健康也至關緊要。

就企業而言，這責任應從哪裡開始？當然是董事會。這是董事會最重要的職責，董事們有責任在整個組織內促進、培養一種合乎道德、有意義的企業文化。在本次危機重創公眾對金融體系之信任後，銀行業者特別需要培養這種企業文化，但其實所有企業無論何時都有必要這麼做。好消息是，絕大、絕大多數的企業員工希望自己的公司這麼做。他們都

185

想在照鏡子時，確信自己和自己服務的公司是對社會有貢獻的。在現實生活中，合乎道德的資本主義的資源非常充裕。因此，認真看待此事的董事會與管理層將會發現，他們要開啟的大門其實已經敞開。

*　*　*

但對資本主義文化做為世界的成長引擎，經由這番省思仍無法讓我們不再疑懼，因為我們的良心仍將為其他問題所困擾。被邊緣化的人——也就是那些不曾從過去一個世代的經濟成長爆發中獲益的人——怎麼辦？我們該如何共同面對氣候變遷的考驗？我們是否在必須為結果（目前的碳密集經濟發展模式正對整個地球造成重大威脅）憂心？或者只須關注資本體制的運作方法呢？

這些是下一章要討論的問題。

第六章

後代於我何干？

至於後代,我可能要問⋯⋯他們做過什麼事讓我受益?
　　　　　——湯馬士・格雷,致沃頓醫生信,1758年

我為何要關心後代?後代可曾為我做過什麼?
　　　　　——格魯喬・馬克斯(1890 – 1977)

一個祭司從這條路下來,看見他就從那邊過去了⋯⋯誰是他的鄰舍呢?
　　　　　——《路加福音》,好撒瑪利亞人的比喻

新的世界秩序將由以下這個嚴肅問題形塑出來：什麼是進步？進步就是物質財富增加嗎？抑或它是某種更基本的東西：我們有更大能力創造諸如快樂、愛與友誼（儘管我們不能低估物質財富在這當中的功能）？但即使我們認為自己已就此問題得到滿意的答案，我們還得面對一個較私人的問題：我為什麼要關心這一切？如果我過得十分滿足，我的世界得到妥善的照料與保護，我為什麼要費心做些什麼？

　　而如果我真的決定做些好事，我為什麼要為自己緊密圈子之外的人做任何事呢？誰是我的鄰居？開明友善的自利（enlightened self-interest）是基於這樣的觀念：我帶給別人好處，如此別人才會對我友好。因此，表面上我沒理由要帶給那些無法報答我的人好處。根據這種「契約式」道德觀，合乎道德的行為僅限於我們的延伸社群（extended community），因為在此範圍之外的人幾乎不可能報答我們的善行。最明顯不過的，是這觀點削弱了我們對後代的責任感，因為那些在我們死後活著的人，不可能會做出任何影響我們目前生活的事。

　　儘管如此，我們仍為此煩惱，這是我們無法迴避的事實。我們不僅為世界的動盪、市場的反覆無常、資本體制不時的脫序現象而煩惱，還愈來愈為我們自身、我們生活方式的道德意涵，以及我們所受的影響而煩惱。我們煩惱我們的生活方式對我們的社區（我們居住的城市與鄉鎮）、對我們個人（做為母親、父親、姐妹、兄弟、同事與伴侶），以至

第六章 ▶▶ 後代於我何干？

對整個地球的影響。

令我們不安的核心因素，是一切事物的商業化。始於2007年的這場金融危機在世界各地觸發的即時反應之一，是人們對炫耀性消費怒火中燒。1980年代那種「得到了就秀給大家看」的觀念（如梅爾・布魯克斯〔Mel Brooks〕的歌曲所唱），到2007年底時已顯得完全不合時宜；到2009年中，為此觀念辯護甚至是危險的事。2006年底，調查發現，英國70%的三歲小孩認得麥當勞的商標，但僅一半知道自己的姓氏；十歲的小孩平均熟悉300-400個消費品牌，但講不出15種野生鳥類的名稱。這種慘痛的證據印證了我們的恐懼。我們正在變成怎樣的人？

我們的恐懼，是個體已實際上為消費者所取代。在我們的夢魘裡，我們成了茫然、迷惑的購物狂，徘徊於種種炫麗的希望之間，身體超重，背負著太多無用的東西，手中拿著一堆超出我們負擔能力的商店會員卡與信用卡。購物商場似乎就是我們這年代的標誌——一個比一個更大、更好、更亮麗，數不盡的店面與優惠方案，循環播放的罐頭音樂，以及永不熄滅的人工照明。

在此同時，神聖的事物似乎已消失殆盡。消費主義的捲鬚已伸進我們生活的每一個角落：從耶誕節（很久以前就已商業化）到電纜塔林立、遭滑雪活動破壞的高山；從海灘上甚至是超市通道上的婚禮，到父母為小孩生日安排餘興表演與糖果禮品袋之慣例；從情人節情侶間的例行公事，到週

六早上的行銷電話,以至是我們使用的語言——關係變成是「交易」(deal)、學術思想必須「推銷」(sold)出去,甚至犯罪也是一種「業務」(business)。

無論是有意識還是無意識,我們對這一切將帶我們往何處去憂心忡忡。在王爾德作品《溫夫人的扇子》(Lady Windermere's Fan,又譯《少奶奶的扇子》)中,達林頓勳爵(Lord Darlington)指犬儒者「知道所有東西的價格,但對它們的價值一無所知」。看來,我們全都成了犬儒者。如果所有東西都是由價格而非價值來決定,那麼社會分崩離析(social fragmentation)就難以避免,因為在此環境下,最重要的是源源不絕的現金,而不是血緣、社群、友誼或信仰。但我們內心深處都知道,價格並不是價值的可靠指標。我們的用詞生動地提醒我們這一點:凡是沒有價值的東西是「無用的」(valueless),而價值極高的東西則是「無價的」(priceless)。

社群網絡衰退之際,商業化大潮步步進逼,在某些層面上,我們已認識到這趨勢的冷酷後果。效率提升、目標明確,加上低投入高產出的商業壓力,必然的後果就是:難以估價的要素,如職業道德、超出職責要求的奉獻,以及對陌生人的善意,有日益遭人們忽視的危險;此外,對許多事情,人們常抱著「事不關己」的態度,只是沒說出口而已。

影響很複雜,我們應小心避免過度簡化。就好的一面而言,社會關係與壓力淡化促使社會變得更寬容。在瑣碎的層

第六章 ▶▶ 後代於我何干？

面上,這體現在我們的穿著自由上,另外是一些俱樂部與私人會所逐漸撤銷階級面的歧視。在更深的層面上,種族與性別逐漸不再是登上權勢高位的障礙。就此而言,世界個體化的確惠及以往遭排斥數以百萬計的人。但這趨勢也帶來一種危險的分隔:我們對他人的苦難視若無睹的能力幾乎是歷來最強的,大家均小心翼翼地避免涉入他人的掙扎或苦難之中。在這個個體化的世界中,我們該如何保存一份責任感?我們該如何教導我們的小孩?饒富興味的是,如今責任觀念似乎正回到公眾的話語中:它是我們渴望從歷史早期階段找回來的東西——不過我們希望能擺脫似乎往往與此相連的一些特質:屈尊俯就的姿態、虛偽,以及對他人的侵擾。

此外,在我們這個人類史上最緊密相連、網路最發達的年代,人們之間的慣有聯繫與紐帶卻減少了,這真是莫大的諷刺。所有舊意義上的社群皆已衰落,取而代之的是新的、流動的「社交網絡」,一大群浮躁的網路客充斥其間,透過加州的伺服器中心維持的網路服務聚集在一起。這是否在演示德日進的悖論——個體合為一體,才能成就個體?(換個方式說是:我們必須徹底相互融合,每個人才能成為完整的人。)這是否就是齊美爾所描述的世界:都市環境驅使我們將所有東西客體化並標上一個價格,避免精神崩潰的唯一辦法是專注於某些事務,在一個日益支離破碎、面目模糊的世界裡佔一個孤獨的位置,像一個蓋子上沒有完整圖案的巨大拼圖散落一地的畸零小塊?

或許,如果人們覺得進步與自我提升的機會比較公平,覺得任何人——無論出身與背景——皆有機會分享市場運作的成果,「我為什麼要操慮」這問題的急迫性,以及對孤立、私人化與碎片化的恐懼皆可某程度上得以紓緩。這樣我們至少有辦法相信,上一代的不公平有機會在下一代真正勾銷;一生貧困的父母,也能確實指望子女未來能過有選擇的舒適生活。

　　但事實上,自古至今眾多人們不但未曾獲得平等的機會,連一點點的合理機會也沒有。馬克思抨擊他那年代的社會剝奪工人階級的勞動成果,這批評是正確的。不過,他預測資本家與工人之間的對立將日益激烈,卻是錯了。而且,他也完全預料不到現代福利國家體制的出現,以及資本體制最終可以令社會中大部分人自視是中產階級。

　　但就全球而言,迄今為止,能享受到這結果的只有相對幸運的少數人,他們大部分住在已開發國家。而雖然近數十年來,許多開發中國家的景況大有進步,但大家都清楚知道,世界上有很大一群人們的前景黯淡。

　　即使是最富裕的社會,也有許多人陷於困境中。這題材最重要的作者之一是美國作家歐列塔(Ken Auletta),他透過1982年的著作《底層階級》(*The Underclass*),率先提出了此一概念:美國有一群人掉出了正常社會結構之外。根據他的敘述,貧窮並非界定這群人的唯一條件,他們大致可分四類:被動型窮人(長期接受社會救濟的人)、不友善的街

第六章 ▶▶ 後代於我何干？

頭罪犯（輟學者、吸毒者）、騙徒（仰賴地下經濟），以及心理創傷者（酗酒者、流浪漢、無家可歸者、出院的精神病人）。根據廣義估計，新千禧年來臨時，美國的底層階級估計有3,600萬人。

在許多富裕西方國家的城市，我們可以找到邊緣社群居住的貧民區，有些跟最富裕的社區只是一街之隔。在倫敦，哈姆雷特塔自治區（Tower Hamlets）毗鄰富裕、國際化的倫敦金融區，住了6.5萬名孟加拉人，是孟加拉國以外最大的孟加拉人社區。他們多數來自孟加拉北部農村地區錫爾赫特（Sylhet），講沒有文字的方言錫爾赫特語（Sylheti）。巴黎則有惡名昭彰的郊區（banlieues）問題，這些郊區是北非移民的聚居地，相當貧窮，不時爆發暴力抗爭。很多人拿巴黎郊區對照法國殖民統治阿爾及利亞期間的種族隔離狀況：就後者而言，本土阿拉伯人的麥地那區（medina）與歐洲人社區隔離開來；至於前者，城市規畫使得郊區的居民困處一角，永遠跟財富與機會的資產階級中心遙遙相隔。他們或許講得誇張了一些，但所有人都認為此中問題嚴重。

窮國也有邊緣社群的問題：整體生活水準雖然快速提升，但大量民眾卻被拋在後頭。中國在經濟發展方面成就非凡，自1978年起經濟持續成長，國民人均所得增加了兩倍有餘，赤貧人口顯著減少。但人們普遍知道中國中西部農村地區生活水準仍非常低。近二十年來所得差距急劇擴大。印度則有「達立人」（Dalits），也就是傳統上最低層的種姓，

193

所謂的「賤民」（untouchables）。根據2001年的人口普查，達立人數目逾1.6億，佔印度人口16%。達立人普遍遭受歧視：達立人多是以工作償債的奴工（bonded workers），其中尚且多在償還祖先欠下的債。2005年，針對達立人的謀殺、強姦及其他暴力罪行，登記在案的有11萬宗──人們普遍認為真實數字遠不止如此。因為針對達立人的罪案極少有人報案，進入審訊程序的也很少。巴西方面，儘管國民平均所得大有進步，街童的悲劇是眾所週知的。公益團體估計，整個拉丁美洲有4,000萬名兒童住在街上，平均每分鐘有三名街童死於營養不良；那些倖存下來的，遭受虐待與被迫賣淫的情況非常普遍。

此外，奴隸制度的污點仍未消除。根據某些估計，2007年全球仍有2,700萬人實質上像奴隸那樣工作（不過，國際勞工組織的估計較低，接近1,230萬人），是歷來最多人同時遭奴役的紀錄（不過，以佔世界總人口的百分比計算，則可能是最低的比例）。一個反奴役組織宣稱，有證據顯示在非洲國家馬利，40美元就能買到一名年輕的男性奴工。而根據聯合國兒童基金會（UNICEF）的資料，全球共有逾2億名5-14歲的童工。有些出生於奴隸家庭，有些是被父母賣掉，有些則是遭拐賣。這些童工出現在農業、工業、家務工作以及色情業。

某些情況下是整個區域陷於落後狀態。國際貨幣基金2008年的非洲報告顯示，撒哈拉以南非洲地區（不包括奈

及利亞與南非）人均GDP為每年435美元，其中44%源自出口，主要是天然資源的出口。在這些國家，天然資源出口的收益，基本上不會流入普通百姓的口袋；扣除這部分所得，人均GDP是244美元，即每天約0.66美元，不到英國人均所得百分之一。儘管許多非洲國家近年來經濟成長有起色，但貧窮仍是非洲大陸的痼疾。

就某些國家而言，就算我們抱著最樂觀的心態，仍很難想像經濟發展能如何帶來顯著進步。布吉納法索（Burkina Faso）是西非的內陸小國，面積27.42萬平方公里，以平地為主。人口約1,600萬，大部分務農，種植棉花、花生、芝麻、稻米、小米與蔬菜等經濟作物。國民預期壽命50歲，年齡中值是17歲。降雨量偏低、土壤貧瘠、交通不便、識字率偏低、經濟停滯是長期困擾該國的問題。撒哈拉沙漠逐漸向南擴張，布吉納法索經常遭遇旱災。除非是地下發現石油或其他值錢的礦產，否則實在沒有理由不嘗試移民外國——許多布吉納法索人的確這麼做。貧窮有時看來是地理因素所致。

在另一些國家，貧窮則是歷史問題。例如，安哥拉其實應該如同瑞士一樣富有才對。擁有非洲最肥沃的一些農地；豐富的礦產資源，包括鑽石、鋁土礦與石油；美麗的海岸；120萬平方公里的遼闊國土——跟南非相若，是德州的兩倍。但數十年的內戰令經濟與社會一片狼藉。國民預期壽命略低於40歲，嬰兒死亡率極高（約20%），許多人因為地雷

而失去手腳。它1,300萬人民是地球上最窮的社群之一。政府除了牢牢控制石油與礦產的出口外，唯一的生計是衰敗的糊口農業。

然而，比統計數據更能觸動人心、感覺更可怕的是真人的故事。正視現實從來就不容易，不過當事實化為數據時，我們較容易超然一些。英國基督教扶貧組織「眼淚基金」（Tearfund）2008年1月製作了一部名為《找回童年》（Bring Childhood Back to Life）的影片，在YouTube上可以找到。這影片講述13歲的烏干達女孩瑞秋‧卡莎沃（Rachel Casarvo）的故事，她父母2001年死於愛滋病，留下她獨自照顧六個弟妹。她以平淡的語氣講述自己的日子：煮飯、打掃、送弟妹上學，在他們生病時照顧他們。最後她只是說：「我想念爸媽。」無論我們喜歡與否，人類有一種分隔的傾向，令我們大部分時間能將自己跟另一個大陸上發生的事分隔開來。但像瑞秋這樣的故事讓我看到，這個像我女兒一樣的女孩，是那些冰冷數據背後活生生的人之一。

而貧窮肯定不是無可避免的，要解決這問題也並非難如登天。現代世界確實擁有能提供每一個人合理生活水準的資源與技術。如果你拿世界銀行的最新統計數據，以世界總GDP除以世界總人口，得出的人均所得大約相當於土耳其或俄羅斯的生活水準。當然，這樣計算是過度簡化了，但它的確能提醒我們：至少在理論上，我們能為全球每一個人提供雖不算富有、但遠遠超越貧窮的生活水準（而且是高於世界

第六章 ▸▸ 後代於我何干？

一半以上人口的生活水準——別忘了世界的實際所得分配是向富人那端傾斜的）。

　　現實中這有可能發生嗎？不可能，因為這需要全球的共識與決心，而這是超乎人類能力的事。（為什麼呢？這問題留待第八章討論。）我們必須接受一個事實：消除貧窮之路必須協助窮國發展經濟，而不是仰賴某種理想主義的偉大再分配方案，而且這將是一場持久戰。此外，我們還必須接受一個事實：消除貧窮主要得靠市場機制。市場雖不完美與難以預料，而且往往結果冷酷，但它仍是我們希望的主要寄託。根據世界銀行旗下的國際金融公司（IFC），近年來流進開發中國家的私人投資金額相當於官方發展援助的四倍。在某些開發中國家，國民在海外打工匯回國內的錢，也成了重要的資金來源。在印度，這種匯款相當於GDP的3%左右；菲律賓更是高達12%。

　　自全球金融危機爆發以來，流入開發中國家的外商直接投資大幅減少：貧窮的社會總是在各種調整過程中首當其衝。不過長遠而言，私人直接投資仍大有可能繼續成為開發中國家的首要資本來源。外商投資對開發中經濟體與社會的影響通常有好有壞：這種投資需要監督，而投資人也必須有很強的企業責任感，如此才可能為開發中國家創造持久的價值。不過和整個市場體制一樣，邱吉爾式辯護也適用於外商投資。雖然外商投資常有未能惠及開發中經濟體的例子，但（有效監督、有效管理下的）外商投資仍將是多數新興市場

197

無可取代的主要國際資本來源。

當然，市場體制是需要支援的。官方援助與志願服務都至關緊要。華盛頓凱托研究所（Cato Institute）資深研究員麥可・坦能（Michael Tanner）數年前曾估計，美國無償志願服務之金錢價值達1,760億美元。非洲方面似乎沒有人做過估計，我們只能自己想像。不過有一點是確切無疑的：廉潔、富奉獻精神的團體利用微薄的資源，竭盡所能在世界上最窮的一些國家發揮一些正面作用，帶給當地民眾極大的希望。在2008年12月刊登於《泰晤士報》的一篇文章中，英國記者馬修・帕里斯（Matthew Parris）講述他事隔45年重返馬拉威的見聞：基督教公益團體水泵援助（Pump Aid）不但幫助當地民眾維持鄉村井水乾淨，更在較深刻的層面上，激發當地人的自信，幫助他們以「誠實、勤奮、樂觀」的態度工作。

某些明確的干預機制顯然也能發揮作用。例如，在2000年達沃斯的世界經濟論壇上，比爾與梅琳達蓋茲基金會、世界衛生組織、世界銀行、聯合國兒童基金會，以及工業國與開發中國家的疫苗業者發起了全球疫苗及預防接種聯盟（Global Alliance for Vaccines and Immunization, GAVI），目標是藉由在世界各地推廣兒童預防接種，於2015年前顯著降低兒童死亡率。GAVI估計，每年逾1,000萬名五歲前死亡的兒童中，250萬人死於可藉由接種預防的疾病，主要源自肺炎鏈球菌與輪狀病毒（會導致嚴重腹瀉）。自成立以來，

第六章 ▶▶ 後代於我何干？

GAVI已經為超過2億名兒童接種疫苗，據稱防止了300萬宗死亡。這種資金充裕、目標明確的合作行動顯然非常有效。

近數十年來最令人讚嘆的發展現象之一，是微型貸款（microfinance）的擴展。1974年，孟加拉吉大港大學（University of Chittagong）一名經濟學講師借了27美元給附近喬布拉村（Jobra）一群製造竹家具的婦女。她們先前必須借高利貸買竹子，然後將做好的竹家具賣給放款者，結果幾乎賺不了任何錢。不出所料，一般商業銀行不願按正常利率提供小額貸款給這些窮人，因為業者認為他們的信用風險很高，不太可能有能力償還貸款。但這位經濟學講師發現，那些婦女信用很好，以合理的利率借錢給她們，可幫助她們建立發展小生意的強健基礎。三十年後，這位經濟學講師獲得諾貝爾和平獎，他就是穆罕默德·尤努斯（Muhammad Yunus）；而微型貸款——以赤貧者為對象的金融服務——已大獲成功，向大量遭排斥的人伸出援手，幫助許多小群體來掌控自己的生活。2006年時，全球估計約有9,000萬名微型貸款受惠者。大部分借款人是婦女，因為她們掌管家庭財務，而且往往承擔了社區中大部分生產工作。各方經驗一再顯示，微型貸款的違約率非常低。藉由行銷她們製造的產品，幫助這些婦女與更廣闊的世界聯結，是一種非常有效的濟助生計的方法。這雖然不能使她們富有，但卻讓她們的生活全然改觀。

消除貧窮不是夢。美國經濟學家傑佛瑞·薩克斯

（Jeffrey Sachs）總結了這問題：「我們是歷史上有能力根除赤貧的第一個世代。我們有方法、有資源、有知識，所欠缺的只是意志。」不過，進步將是一個極為漫長的過程，簡單的算術就凸顯問題的艱鉅。在世界上最窮的一些國家，人均所得可能是每年200美元。假設每年持續成長10%（不管以什麼標準衡量，這都需要非常強勁的經濟表現），本世紀過了一半時，這些國家的人均所得仍將低於現在巴西的水準。換句話說，當代事務的學生所熟悉的發展議題，到我們孫子那一輩仍將是頭痛的問題。貪腐與內亂很可能仍將踐踏世界上景況最惡劣的一些國家，而窮人也仍將在天災中首當其衝。目前在世的任何一個人，有生之年都無法看到世界貧窮問題的欣慰解決。

但是，如果貧窮問題將永遠與我們相伴，是否會讓我們太容易放棄或太容易認為自己的努力沒意義？我為什麼要為後代做任何事呢？這當中其實有兩個獨立的問題。首先，我們的努力到底有何作用？能產生什麼貢獻？第二，這一切跟我有什麼關係？

首先答第一個問題：我們的努力顯然是有作用的。我們已提過一些相關事跡，有些是直接介入，有些比較間接，全都有助減輕處於最嚴酷環境的人之痛苦，並為弱勢創造發揮潛能的機會。我們也可以想想在加爾各答照顧著兩百名街童的提姆。只要有一名兒童的生命因此改觀，我們的努力就是值得的。第二個問題：這一切跟我有什麼關係？這需要詳細

第六章 ▶ 後代於我何干？

回答。但在此之前，我們先討論全球化時代另一個令人憂心忡忡的問題：氣候變遷與環境惡化。地球應付得來嗎？

* * *

人類對地球資源耗竭的恐懼由來已久。在狄更斯小說《小氣財神》（A Christmas Carol）中，史古治（Scrooge）解釋他為什麼拒絕捐助那些不願意進濟貧院的人：「如果他們寧願死都不去濟貧院，那就讓他們死好了，這樣一來過剩的人口也能減少一些。」狄更斯其實是透過史古治講出了馬爾薩斯（Thomas Malthus）的觀點。馬爾薩斯是十八世紀英國一名牧師與經濟學家，他在1798年面世的《人口論》中對人口成長提出警告，其觀點對世界的巨大影響延續至他死後。馬爾薩斯認為，工業革命之後人口不斷成長，地球資源因此有耗竭之虞。他反對《濟貧法》（Poor Laws），也反對廢除《穀物法》（Corn Laws），理由是這些措施會促進人口成長，讓情況變得更糟。他的基本觀點是人口不能無止境地以對數方式成長下去，人們認為這幫助達爾文形成他的天擇理論。

1972年出版的《成長的極限》（The Limits to Growth）是一本頗富影響力的書，其主旨正是反映馬爾薩斯的觀點。這是一個名為羅馬俱樂部（Club of Rome）的智庫發起撰寫的一份報告，目的是探索指數式經濟與人口成長在資源有限的世界裡能持續多久。它引發了明顯的恐慌、激烈的爭論與

批評，顯然觸動了公眾的神經。許多人過度揣摩該書所未提出的預測（又或者那些預測僅是作者使用的一些公式所暗示的），例如地球的石油供給將於1992年耗盡。不過，該書的主要論調——人類的食物與燃料有耗竭之虞——引起廣泛關注，觸發大量預測與建議，包括到小行星上採礦，以至「灰蠱」（grey goo，大群自我複雜的奈米機器人）的出現。

這些對資源耗竭的恐慌向來藏著一個共同觀念：貧窮的社會因為有巨大規模的需求，將會拖累較先進的社會。相關論者主要關心的是：富國該如何防止窮國威脅它們的福祉？

如今我們擔心的地球問題，主要是全球氣候變遷可能造成驚人的災難。資源當然仍是有限的，但現在人們較願意相信人類創造力與科技的力量，能提升資源開採與運用效率。不過地球暖化則可能是一場浩劫的序幕，後果之慘重超乎想像。旱澇災害、火災與風暴、酷熱與嚴寒等情況日益頻繁，已經使我們覺得地球變得較難預測與居住。2008年，烏干達《箴言報》（*Daily Monitor*），該國兩份全國性報紙之一，破天荒決定刊登氣象圖，原因是該國天氣變得很難預測，而這是當地民眾印象中前所未有的事。

不過並非所有人都擔心地球暖化。數個已開發國家出現了歡迎某程度地球暖化的特殊意見。科學家雖然可以斥責此類觀點淺薄又不負責任，但存在這些論調的事實，將可能影響採取最高層次行動的政治意志。例如，2008年11月，一個主要由大學的經濟學家與人類學家組成的小組發表了

第六章 ▶▶ 後代於我何干？

一份報告，直接反駁宣導地球暖化災難的主要人物，如美國前副總統高爾與英國保育人士詹姆斯・洛夫洛克（James Lovelock）。該小組表示，地球暖化或許不是許多人所講的十足災難：事實上，對某些北部地區如加拿大、俄羅斯與斯堪的那維亞半島來說，暖化可能是很好的事。小組成員羅伯・孟德爾松（Robert Mendelsohn）——耶魯大學經濟學教授——指出加拿大可享受到的好處，包括種植季節拉長以及開通穿越北極的西北航道。另一些人則指出，先前酷寒而無法居住的地區，可望發展為旅遊區。利物浦約翰摩爾大學人類學家班尼・斐澤（Benny Peiser）指出，目前全球氣溫緩慢上升的趨勢，可能對人類健康有益，而在以往的暖化時期，往往會出現「繁榮的社會」，經濟與社會發展步伐快於正常水準。凱托研究所的派特・麥可（Patrick Michaels）則從另一角度提出質疑，他指科學家有危言聳聽的自然傾向，因為壞消息能促使政府有所行動，而政府有所行動通常意味著研究工作可獲得資助，而這對科學家的專業發展至關緊要。

但是環境問題證據確鑿且無可迴避。有一些證據我們自己就能感受到。如第四章所言，污染如今是許多新興市場的重大考驗。我們不應太輕易假定這是新興國家工業化發展階段的過渡期問題，然後就安然處之。因為一來污染並非僅限於新興市場的大城市：巴黎與雅典盛夏時，當局必須禁止汽車在某些時段進入市中心，以避免廢氣累積至危險的程度。

二來是未來半個世紀全球城市化程度將大幅提高，即使某些城市能成功改善環境，城市污染問題整體而言勢必更加嚴重──只有異常樂觀的人才會相信不是這樣。

地球受傷害的其他證據，我們在日常生活中較難看見。雖然我們理論上知道有這樣的事，但還是需要某種震撼經驗，才能真切地感受到。就我個人而言，這種震撼來自觀看婆羅洲自1985年起，每隔五年拍攝一次的衛星圖片：肉眼就清楚看到島上森林覆蓋面積大幅萎縮。在世界野生動物基金會的網站上，你可以看到1985年時，婆羅洲地圖一片蔥綠，但估計到2020年時將變成一片枯黃。我曾親眼見識過婆羅洲原始森林之美，我也看到可持續的林業能保存其本質與生物多樣性。但如今我也見識到不可持續與破壞性的開發，對一個脆弱、寶貴又無可替代環境所造成的傷害。

南美洲情況相若。亞馬遜雨林如今正以每年1%的速度消失。也就是說，如果保持這樣的速度，不用五十年時間整個森林會只剩下一半。衛星圖片也生動地顯示森林遭砍伐的過程。亞馬遜雨林目前約有670萬平方公里，約佔地球倖存雨林的一半，是世界上最大、物種最豐富的一片熱帶雨林。光是在巴西，至2005年的十年中，亞馬遜雨林就失去了20萬平方公里的面積。2008年12月，巴西政府表示，衛星圖片顯示，森林砍伐四年來首見加速，主要是因為非法伐木活動與大宗商品價格高漲。

最後還有許多證據是科學已證實、統計上測量得到，但

第六章 ▶▶ 後代於我何干？

肉眼看不見的。雖然某些人士對地球暖化（就許多方面而言，這名詞真不是一個好選擇）的影響持懷疑態度，無可否認的是，大氣中主要「溫室氣體」（會吸收與散發幅射熱能）持續上升。收集促成地球暖化的五大氣體（二氧化碳、甲烷、氧化亞氮、二氟二氯甲烷與三氯氟甲烷），將它們的長期全球趨勢畫在圖上，那趨勢是無庸置疑的。二氧化碳、甲烷與氧化亞氮全都是直線上升，只有二氟二氯甲烷與三氯氟甲烷（冰箱冷凍劑使用的氣體）近年來成長率有所下降（這是各國一致行動產生成效的例子之一）。自 2000 年起，全球二氧化碳排放量成長速度尤其快，如今已是 1990 年代的三倍。

這趨勢如何才能扭轉？計算出來的結果頗令人心寒。目前全球人均二氧化碳排放量為一年 7 噸，光是為防止地球平均氣溫在 2050 年前上升超過 2 度，這數字就必須降至 2 噸左右：也就是約為印度目前的水準、中國的一半、歐洲的六分之一，或是北美的十分之一。

這難題不能全留給市場解決，這一點比貧窮問題更為明顯。在世界就排放二氧化碳建立起有效的收費制度前，人們欠缺抑制排放量的經濟誘因。高排放的傷害在很多年裡不會顯現出來，而果真顯現出來時，並不能歸咎於具體的某一方。受傷的是人類的共同福祉。如經濟學家所言，氣候是典型的「公有資源」，也就是所有人皆能免費享用的公有財。2006 年 10 月，尼古拉・史登（Nicholas Stern）發

表歷來有關氣候變遷經濟問題最全面的報告——《史登報告》(Stern Review)。當時他表示，人類必須動用「所可運作的全部經濟學」，積極面對氣候變遷問題，以防止一場浩劫。史登稱：「科學告訴我們，溫室氣體的排放是一種外部性（externality）；換句話說，我們的排放會影響其他人的生活。當人們不用為自身行為的後果支付代價時，我們就有市場的失靈。它將是史上最大規模的市場失靈。」

這就是為什麼政府必須為市場指導方向。有了正確的方向與誘因，約制而非癱瘓的市場，可成為人類處理氣候變遷問題的利器。要做到這一點，先決條件是人類必須有效合作，共同努力。2009年底在哥本哈根舉行的聯合國氣候變遷會議，是人類合作的一大機會。會議必須解決的關鍵議題之一，是如何為二氧化碳的排放定價，好讓市場能開始發揮作用，約束排放量。目前人們建議的兩種定價機制是：（1）就每一噸的二氧化碳排放徵稅；（2）為總排放量設定上限，然後允許排放者買賣排放配額。《紐約時報》的史蒂夫・洛爾（Steve Lohr）指出，就經濟效果而言，總量管制暨配額交易制度（cap-and-trade system）的目標，與徵稅相同，都是為二氧化碳的排放訂定價格，但執行方式不同。管制暨配額交易制度在政治上有若干優點。在此制度下，必須投入最多資源應變的最大污染者，起步時能獲得補助。這制度也能轉移人們對成本增加的憤怒，而且各國政府能藉由分配排放配額獲得政治上的支持，因為排放配額等同現金。不

第六章 ▶ 後代於我何干？

過,正為了這原因,部分經濟學家主張明確徵稅,俾可對能源市場提供最清楚的價格訊號,而且也可避免管制暨配額交易制度較容易出現的政治操控問題。

不管我們選擇那一條路,美國皮尤全球氣候變遷中心(US Pew Center on Global Climate Change)總裁艾琳‧克勞森(Eileen Claussen)2002年就減排問題的評論至今仍完全正確:

> 如果你經營一家企業,又或者是一名投資人,市場就是你的營運環境。隨著社會開始正視氣候變遷問題,市場的規則將會改變。氣候將不再是免費的。排碳將必須付出成本。從企業的角度看,這會是最重要的新事實,它要求大家做一些調整。了解這事實並適當調整的企業,不僅能生存下去,還能茁壯成長。因為每次的轉變都藏著機會,率先把握機會者能得到最多獎賞。同樣道理,忽視這新事實而未能適當調整者將得付出代價。市場是嚴厲的仲裁者,它會很快查明誰已妥善管控自身的碳風險,誰尚未做到。如果你想確保自己在未來碳排放受限的世界是市場贏家,而不是失敗者,現在就應該開始行動。

此外,很重要的一點是,我們其實擁有處理這難題的技術手段與資源。有許許多多可行方案的事例,可用非常在地化的方法加以改變。印度能源與資源研究所(The Energy and Resources Institute, TERI）開發成功的太陽能燈就是一個好例子。該研究所處理生態與發展兩個領域的一些共同難題，具有獨特的影響力。和許多真正有價值的發明一樣，TERI開發的太陽能燈概念上非常簡單（微型貸款是另一個例子），能為未接電力的小鄉村提供照明，而且環境代價極低。TERI的信念是「照亮十億生命」（Lighting a billion lives）。這願景未來若能實現，對農村貧窮狀況將有深遠的影響（就像微型貸款那樣），而其效益是在低碳基礎上產生的。

這只是例子之一。重點是：可持續的成長以及向低碳經濟轉進，是可經由共同努力並以合理成本實現的。根據麥肯錫全球研究院2008年夏季的一份報告，我們可以想像針對氣候變遷的行動同時，支持兩個表面看似矛盾的目標：穩定溫室氣體，並維持經濟成長。調和這兩個目標意味著「碳生產力」（carbon productivity，每單位碳當量排放所產生的GDP）必須大幅提升：從現今每噸二氧化碳約740美元的GDP，提升至2050年每噸二氧化碳約7,300美元的GDP──也就是十倍的成長，和工業革命期間勞工生產力的成長幅度相若。但為維持當前的成長速度，並將二氧化碳排放量維持在安全水準，「碳革命」必須以工業革命三分之一的時間完成。麥肯錫估計，我們承擔得起這場碳革命的總體經濟成本，至2030年時約為全球GDP的0.6-1.4%。資金估計大部分能靠借貸籌措，短期GDP成長所受的影響因此能有效控

第六章 ▶▶ 後代於我何干？

制。事實上，視新低碳基礎設施的融資方式而定，過渡至低碳經濟可能提升許多國家的GDP年成長率。

不過氣候變遷的威脅，顯然不能跟貧窮問題分開處理。窮國決心不惜代價提升物質生活水準，如果我們在研擬如何轉向低碳經濟模式時，不對這些國家提供重大援助，有意義的全球減碳協議是不可能達成的。因此，我們必須擬定一個範圍廣泛、目標空前的共同努力方案；除此之外，別無他途。

但是人類共同努力的歷史，僅有一部分能鼓舞人心。成功的例子絕大多數有賴目標明確或強力領導。根除天花是成功的一例，這行動明確又有效──1990年代抑制使用氟氯碳化物（CFCs）的運動也是這樣。在世界歷史上，強力領導的展現，也累積非常可觀的成功紀錄，讓我們能對未來抱持合理的希望。十九世紀初，海上武力的絕對優勢，賦予英國禁止奴隸交易、在英國殖民地取締奴隸制的力量。而倘非有美國總統杜魯門與國務卿馬歇爾的強力領導，1948年的歐洲復興計畫（又稱「馬歇爾計畫」）根本就不可能出現。馬歇爾1947年6月在哈佛大學的演講顯示出美國的高瞻遠矚：

> 美國竭盡所能來幫助世界回復正常的健康經濟，是很合理的事，因為倘非如此，政治無法安定，和平也難確保。我們的政策並非在對抗任何國家或主義，而是在對抗饑餓、貧窮、絕望與混亂。其目的是要促使世界經

濟回復有效運作，俾期自由體制所須依存的政治與社會條件可獲實現。

強力領導缺乏時，通常較難有進展。世界貿易談判就是個例子。戰後時期，在美國領導下，各國在貿易問題上達成不少重要協議。後來領導力變得較分散，事情也變得更複雜——WTO杜哈回合談判，多年來令人沮喪的欠缺進展，就是個明證。我們得希望氣候變遷談判不要那樣才好。當我們需要共同努力時，狹隘、短視的觀點都是真實與立即的危害。我們的重大考驗，是敲定各國在調整過程中應各自承擔的責任。南非一名評論人說得很妙：現在的情況就像是在一頓昂貴的晚餐快結束時，富國邀請窮國加入共享甜點，卻要平均分擔晚餐的費用。同意分擔責任的同時又不要降低全球的努力目標，我們需要至少不低於杜魯門與馬歇爾1948年所展現的政治勇氣與領導能力。

這一切對政府以外的單位也有明確的涵義：包括志願團體、企業以至個人。共同努力要求每一個層級每一個人都須有所回應。人類的精神生活雖已高度私人化，個體化趨勢也席捲了社會，在這樣的世界中，我們必須好好思考：我們有可能共同做些積極有益的事，這對我們回答為何要考慮為後代做事（不管他們是否會為我們做些什麼）的問題有何意義？

* * *

第六章 ▶▶ 後代於我何干？

這就說到上一章結束時提出的問題：關鍵是否在於結果而非方法？資本主義市場體制是否為碳密集經濟發展模式的禍首，而不是它的僕人？人類是否已經對（碳密集式）經濟成長上癮？是的話，我們該如何掙脫這種經濟癮的束縛？

首先，無庸置疑的是，有錢人面對這問題時，是知道（或應當知道）答案的。他們心裡明白，財富成長的邊際效用是會遞減的：第二杯葡萄酒總是沒有第一杯來得好喝，所有東西最終都有「夠了」的一刻。他們可能會受誘惑去追求稀罕之物：古錢幣、經典汽車、上等葡萄酒、時尚藝術品等等；他們會被說服只因為這些東西的獨特性而付錢。不過，面對上述問題時，他們都知道這些都是可有可無的身外物，夠了真的就是夠了。

窮人世界的觀點當然就不一樣。甘地曾說：「除非是喬裝成麵包，否則上帝不敢出現在饑餓人的面前。」同樣引申，我們不能期望新興國家不為已開發國家視為理所當然的打拚：首先是乾淨的水與電力，再來是空調設備、機械化運輸，以及其他種種現代生活必需品。相對的，已開發國家或許已準備好接受「夠了就好」，但是否願意接受「少一些也夠了」則大有疑問。

窮國與富國必須彼此合作，才能有效對付以下雙重的考驗：藉由經濟成長減少物質貧窮（因為別無他法），以及為子孫後代的利益，向低碳經濟模式轉型。我們必須共同努力，將這兩個難題合起來處理。此刻別無選擇，能否及時成

功也無保障。而我們必須打贏每一場仗；因此基於G20的國際架構是重要的，杜哈回合談判是重要的，哥本哈根氣候會議是重要的；延續此類國際談判程序是重要的，儘管它們任何階段的結果都可能令人失望。

市場機制也是無可替代的。窮國的發展需要它，低碳經濟的發展也需要它。就解決這兩個難題而言，市場體制顯然既非完美也不充分；但它同樣也是不可或缺的。如果沒有市場，窮國將永遠陷於邊緣狀態，而低碳經濟則勢必流於奢談。相反，人類若能順應市場運作原理，即可駕馭人性本質中的一股巨大力量，達成一些看似不可能的目標。

要做到這一切，我們必須抵制自己的分隔習性。做為社會的一員，我們──包括機構與個人──必須有整合性的回應。光靠政府是救不了地球的。

因此，實體經濟與金融體系中所有類型的企業，都不能認為這跟自己無關。如上一章所述，企業有一個艱鉅的任務：認清自身業務的價值（也就是可持續的長期股東價值）所仰賴的價值觀。在公眾對企業的信任與信心近年來崩跌之後，這任務就更迫切了。在此人類發展歷史的重要關頭，這些價值觀無可避免地跟上述的雙重考驗，以及我們對付考驗的方式息息相關。

「企業社會責任」一詞，近年已進入商業詞典中，這是應該的。近來此詞似乎有被「企業永續性」（corporate sustainability）取代的趨勢。兩者皆提醒我們企業必須承擔

第六章　後代於我何干？

的廣泛責任。商界當然總存在這種危險：堂皇的言語淪為品牌管理的花言巧語，變成對企業行為毫無實質影響的空洞口號。還有一種較微妙的危險是：企業社會責任被定義為一系列的活動，分隔、劃歸某個「社會責任部門」負責，成為企業主要業務的附屬而已。

社會責任部門的活動包括公益贊助、社區活動與教育輔導服務等，這些無疑都很有價值。但是危險在於企業可能誤以為只要辦了這些活動，就已經盡了自己最重大的責任：建立可持續促進公益的經營方式。企業社會責任不僅是社區支援；企業永續性不僅是管好公司的碳足跡（carbon footprint）。它關係著企業的策略目標，以至企業本身的存在理由。

這與謀求股東價值最大化有衝突嗎？當然沒有，除非將經營企業視為短線的事。專注短期表現絕非是董事會的職責，這一點是毫無疑問的。但是近年來市場卻往往迫使董事會與管理層專注於短期表現（市場是一個面目模糊之詞，但它其實是無數投資人與交易員的意見總和）。這種市場壓力的部分後果如今已是眾所週知，結果是社會對市場體制的信任崩盤。

回應這情況，我們必須重新確認我們對真正重要的任務——盡可能擴大永續基礎上的價值——之承擔。這當中顯然包括四大要素。首先，利用股東託付給公司的資本，賺取永續基礎上可能實現的最高報酬，當然是管理層直接與基本的

職責。從而策略目標模糊不清或不切實際、競爭定位不智、營運效率不彰,均不能以對企業責任更全面的理解為藉口。第二,傳統觀念認為,若想長期賺取最佳報酬,企業必須滋長與客戶的關係及服務。但如今已有愈來愈多的趨向,企業需要展現對社區與環境更廣泛的承諾。現在那麼多零售業者行銷「綠色」或「公平貿易」商品,是大有原因的。這種以前被視為異常甚至古怪的事,如今已是商業常態,是業者對消費者所擴大關注層面的回應。犬儒者或許會說這有些只是表面文章,或者它們的意義微不足道。但對貧窮與氣候變遷糾結議題的共識倘屬正確,明智之舉應視此為必然壯大的新潮流。

　　價值極大化的第三個要素在於企業對待員工的方式,這無疑與永續性及社會責任直接相關。如上一章所言,絕大多數人希望能相信自己、自己的工作以及服務的企業是對社會有貢獻的。下一代的管理人才會希望知道企業有何政策確保自己對社會有貢獻——定期招聘畢業生的公司都很清楚這一點。此外,任何人只要見識過社區服務如何令自己的同事振奮不已,都無法不承認這有助他們更投入公司的工作。沒有什麼能比這更能詮釋全面關注員工健康快樂與工作效率的重要性了。我記得自己曾在印度海德拉巴(Hyderabad)一個業務處理中心見過一位同事,他剛參加過公益團體地球觀察(Earthwatch)為期兩週的俄羅斯貝加爾湖活動,協助這全球最大的淡水湖區,編制為數繁夥的動植物目錄。他對自己的

經歷興奮不已,熱情感染了整個工作場所。這種有助增強價值覺醒的活動,以及員工與外面世界(無論遠近)無數的其他互動方式,都是非常珍貴的。

因此,永續價值極大化的第四個要素,是企業對待自身所在社區的方式——小企業通常得集中關注本地社區,大型跨國企業則必須關注廣闊得多的國際社會。如果說這在以前是可有可無的事,那麼那時代顯然已經過去。從政界到媒體,以至業界、顧客與股東,各界對企業的期望日益清晰與嘹亮。這意味著任何重視自身品牌、明白其品牌如何代表(或應該代表)公司的自我理解與存在理由的企業,會視此挑戰為永續成功的關鍵因素。這意味著企業必須要有能力提出以下問題,並得出令人滿意的答案:我們的業務如何能增進公益?

董事會與管理高層必須能夠有說服力地向員工解釋這問題的答案。(例如,就銀行業而言,各金融商品如何促進人類福祉與經濟發展?)這不僅是製作宣傳口號與銷售手冊的事,實際上應該是培訓與發展工作的核心任務,目的在於幫助員工了解自己的角色如何增進公益。如果這過程暴露出難堪的境況,企業必須在董事會的層級肩負起社會責任,正視相關問題。(在此我想鄭重指出,雖然銀行業近年來很多作為必須認真檢討,但它對經濟永續發展的作用是不可或缺的。市場經濟的有效運作、現代社會發展、貧窮問題的改善以及未來的低碳經濟莫不仰賴強健、有效率與受良好監理的

銀行業，有能力從事創新，並且提供適當與獲利的服務，同時擁有正直且具承擔精神的員工。）

　　上述要素相互強化。良好的客戶關係與積極投入的員工對營利成長至關緊要。社區服務有助培養客戶關係，促成員工的成長。可持續的盈利支持企業對員工與社區的投入。這些要素缺了任何一個，整個迴路就斷了。米爾頓・傅利曼認為企業的唯一責任是為股東創造利潤，這簡單的老式觀念，已證明不足以幫助企業創造永續的價值，因此到頭來對股東反而是壞事。永續營利與企業社會責任並不衝突，兩者是互為依賴的。

　　企業必須在此背景下處理敏感的薪酬問題。儘管多數人明白，企業在薪酬問題上無法顯著背離供需法則（因為世界日益開放，許多人可以為了工作而遷徙，而可以在各地流動的職位則更多，這使得企業更難違背就業市場的供需法則），人們對於市場擴大了所得差距仍普遍感到不安。經歷了本次金融危機後，各國政府必須加強監理，提升金融業薪酬問題的透明度並糾正扭曲現象。當局肯定會這麼做，也應該這麼做，因為我們已清楚看到，金融業內有許多過度注重短期表現、偏離公司與股東實質長期利益的情況——這已經是最輕描淡寫的說法了。但在現實中，就業市場跟商品與服務市場一樣受供需法則約束，而這必然會產生價格上的差異。這問題對個人造成的挑戰留待本章稍後再談，眼前我們必須明白的是，市場總是傾向在社會中製造出緊張狀況（這

第六章 ▸▸ 後代於我何干？

一點博蘭尼講得非常清楚），而薪酬多少才算足夠的問題，做為一種社會現實，並非僅涉及員工與雇主的利益。企業最重要的社會責任之一是找到平衡點，聘用並留住能為公司創造可持續營利成長的經理人，這對社會公益意義重大。

其他組織如公益團體、教會、社區組織、學校等，也有類似的責任——事實上，任何希望在本屆管理層任滿之後仍繼續運作下去的組織，莫不如此。這些組織也有品牌或聲譽需要建立與維護。論歷史之悠久與實力之穩固，一些公益事業品牌，其實完全不比最好的企業品牌遜色：紅十字會自1863年起就悉心保護自己的好名聲，國民信託（National Trust）[1]創立於1895年，國際扶貧組織樂施會（Oxfam）則始於1942年。運作良好時此類組織與運作良好的企業一般，有意或無意地重視四項價值基本要素。企業有必要為股東賺錢，而仰賴慈善捐款的組織也莫不有類似的責任：有效運作，在自身專注的公益事業上做出成績——這種成績就是慈善捐款的「報酬」。第二，企業有必要維持良好的客戶關係，公益團體則必須為目標受助者提供優質服務。第三，就員工關係與社區服務而言，公益團體的責任和任何營利企業並無兩樣。營利與非營利組織之間有許多共同點（而且可能是愈來愈多），而這顯然超出市場基本教義意識形態所需認知的程度。

---

[1] 譯註：英國的歷史與自然景觀保護組織。

美好價值

　　最後，讓我們回到本章尚未處理的一個問題：這一切跟我有何關係？換句話說，我們必須面對一個和企業社會責任並行的個人責任問題。在上一章中，我們已講過，市場看來無可避免地傾向製造出不平等。市場扭曲的運作經常（特別是近年）製造出太多的不平等。但是，差異是無可避免的，可變的只是程度。因此，社會上總會有一些人比其他人擁有更多財富，而且遠遠超過他們所能想像的需求。我們如果處在那樣的位置，對此狀況可能有兩種反應：我們可以聳聳肩；也可以聆聽平靜、微弱的良知呼喚。只要我們願意聽，這聲音會提醒我們，富人對社會有所虧欠，而欠債不還是有罪的。正因如此，我們常常聽到有錢人說希望「回饋社會」──這話剛好含有富人對社會有所虧欠之意。不過在最壞的情況下，這種「回饋社會」只是一種梅爾莫特式交易（見第五章），目的是迎合社會期望，贏得人們的讚美。在此情況下，這些行為只是齊美爾描述的那種交易：人與人之間的關係透過金錢與交易客體化了。但是究其根本，它並不是在償還個人的虧欠，而是一種投資的交易。

　　但在最好的情況下，當我們回應那個聲音時，會做一些性質不同、具更深層意義的事：回饋者發現自己的心靈投入其中，甚至會感受到虧欠不僅是在回饋中清償，而且根本是獲得豁免。債務獲得豁免的感覺，也可以昇華成債務人獲得寬恕的感覺：如此創造財富的種種瑕疵獲得寬恕，財富所衍生的種種傲慢也獲得寬恕。

第六章 ▶▶ 後代於我何干？

個人社會責任可以延伸至多廣的範圍？所得位居世界前半部分者對社會有何具體義務？碳足跡遠高於世界人均水準者又有何具體義務？利潤豐厚的產業中位居領導高層的人又如何？以全球標準而言算是富裕的人又如何？

答案當然包括大量地回饋社會，而對當今的有錢人來說，基督教會古老的什一稅原則（捐出所得的十分之一）肯定是極度不足的，因為他們累積的財富超過——而且往往是遠遠超過——合理的舒適生活（不管是以哪一種標準衡量）所需要的。怎樣才算足夠的付出？答案當然是視個人具體情況而定，不過關鍵標準肯定是：這付出是否具實質意義？它算是個人一種代價不菲的責任承擔嗎？

同樣重要的是才能與時間的問題。現代有錢人的生活往往非常繁忙，時間因此可能是他們最稀有的資源，付出時間是更大的犧牲。而因為付出時間對個人的完整體驗非常重要，主觀上這甚至可能比捐錢更為重要。

這提醒我們，一如企業的社會責任，個人社會責任不應是可有可無的額外事務，也不能是純粹以工作（或享樂）為核心的附屬。因此，個人社會責任的實踐，遠不止是付出時間、才能與金錢。這責任涉及個體的全身心：它不能受限於分隔，或僅透過開捐款支票履行。我們愈是全身心投入，就愈能領悟施與受、救贖與重生的古老真理。借用跟聖方濟

（St Francis of Assisi）[2]——中世紀的人物，跟我們的現代生活體驗或許顯得極度遙遠——相關的話：我們將會發現，我們正是在付出中獲得寬恕，在寬恕中獲得救贖與重生。

而如果我們沒有發現這一點，我們就得冒發現自己另一面的風險——這留待下一章闡述。

---

[2] 譯註：義大利天主教方濟會創始人。1205年放棄優裕生活，入山林隱修，全心救助貧病之人。1210年組成11人修行團，創立放棄世俗財產的隱修制度，奠定方濟會的清寒生活方式。

第七章

浮士德與年輕財主

逗留一下吧——噢,你是多麼美!

——歌德,《浮士德》,1832年完成

去變賣你所有的財寶,分給窮人,然後來跟從我,因為你將能在天上得到財寶。

——《馬可福音》,約公元70年

上一章結尾提到有關承擔的古老真理,也就是有關施與受、犧牲奉獻的真理。我們如果沒有發現這真理,那就會發現另一個真相:我們將無法在全球市場中實現自我。

我們再體驗一下老掉牙的真理吧。

例如我們認識到,對權力的野心可以矇蔽人的理智。位高權重者臨終的話(有一些可能是杜撰出來的),往往引發廣泛共鳴,遠遠超出當事人留給世間的遺產。征服者威廉(威廉一世)打贏哈斯汀戰役(Battle of Hastings)[1]──這一天是全體英國人唯一能記得的歷史日期,開創了他為期二十一年的統治,令英格蘭由撒克遜社群體制徹底轉向諾曼封建制度。但據稱他臨終時異常懊悔,說了以下這段話:「我毫無理由地迫害英格蘭本土居民,不管他們是貴族還是平民。我殘忍地壓迫他們,不公平地剝奪他們的繼承權。藉由饑荒或武力,我殺人無數,成了這個優秀民族成千上萬老少的野蠻兇手。」

再看看英格蘭樞機主教沃爾西(Cardinal Wolsey),教會的偉大領袖,亨利八世的得力助手。亨利八世為了與王后凱薩琳(Catherine of Aragon)離婚,派沃爾西遊說教皇認可此宗離婚。沃爾西因為未能完成任務而失寵,1530年從約克前往倫敦途中逝世;如果他到達倫敦,很可能會遭國王處死。他死前據稱說過以下這句話:「如果我侍奉上帝如同我

---

[1] 譯註:發生於1066年10月14日。

第七章 ▸▸ 浮士德與年輕財主

服侍國王，我現在應該是個快樂的人。」這是一個對職業過度付出的人會說的話，反映在各式各樣情況下失去權力的失望：失去選民支持的從政者；因股東不滿遭董事會罷黜的企業執行長；胸懷大志，依附無情暴君爬上高位但在喪失效用而被丟棄的人。

我們也知道有一些人亟欲成功，會汲汲追求自己所設定的任何目標，不惜犧牲與其他人的真誠關係，在過程中往往重創最親近的人，而自己也得不到平靜。奧森・威爾斯（Orson Welles）1941年拍出電影傑作《大國民》（Citizen Kane），當時他才25歲。人們普遍認為，這電影是以威廉・藍道夫・赫斯特（William Randolph Hearst）的事跡為藍本的。《大國民》講述一位報業鉅子，他在世人眼中無比成功，但內心深處藏著一個祕密：他對童年時期的純真有一種孤獨、未說出口、可能也不曾承認的渴望；他小時候玩的平底雪橇——名為「玫瑰花蕾」，是這一切的戲劇性標誌。他死前說著「玫瑰花蕾」，令身邊的人困惑不已。他們也錯過了找出這個詞所寓含意義的唯一線索。電影的最後片段顯示，馳騁著企圖心的主角，竟然只想補償兒童時期對家的渴望。

當然，大多數人適用的老掉牙真理是比較世俗的。班傑明・迪斯雷利（Benjamin Disraeli）生動地形容那些高處不勝寒的人是「處於滑溜的柱子頂端」，這可不是一般人的境況。普通人所面對的危險，主要不是支配世界的慾望，而是

全球市場體制下的工作狂與購物狂傾向。

　　工作狂問題是近代的一種職業危害。十九世紀工業革命氣勢正盛時，男女與兒童太年輕就開始工作，而且工時太長。隨後法規逐漸讓工作場所變得比較人道，而從十九世紀末開始，工會開始為勞工提供愈來愈有效的保護。隨著福利國家體制與服務型經濟興起，加上社會普遍繁榮，在富裕的七大工業國，企業壓榨勞工的日子基本上已成過去。但在許多國家，取而代之的是一種永不停歇的市場資本體制：讓更多人自覺成了中產階級，但體制也要求中產階級空前努力工作。在倫敦、紐約與法蘭克福等地，熙熙攘攘的市場中，我們一再聽到有人怨嘆：「我覺得自己錯過了孩子的成長期。」科技本應使我們工作得更輕鬆，但結果恰恰相反：電子郵件與黑莓手機（Blackberry）肆虐地要求我們隨時隨地回應工作需求。

　　然後還有錢的問題——錢的購買力以及金錢本身。如齊美爾指出，金錢可以是一種促進平等與解放的工具。但是另一方面，金錢也是一種引人上癮的東西，而所有老生常談全都是正確的。如俗話所說的：生不帶來，死不帶去；錢無法令你快樂；你一天也不過吃三餐。開示此類教訓的傳奇故事流傳悠久：弗里吉亞（Phrygia）國王米達斯（Midas）求神讓他接觸到的一切都變成黃金，求願得償的結果：他觸碰的一切全都變成冰冷的金屬。許願時可得小心，免得願望成真時不知如何是好。

第七章　浮士德與年輕財主

　　我們無法藉由權力、工作或財富，在事務中實現自我，我們從許多途徑學到這道理。事情可以變得很不順利：我們非常渴望的升遷機會落在別人手上；又或者我們升上去了，結果發現像是一杯毒酒。悲劇可以突然發生：家人得了重病或者猝逝，驟然提醒我們一切如此無常以及在祀桌奉上了太多的犧牲。或者你會在午夜時分醒來：所有人都知道這是人的精神最脆弱的時候；你反省自己走過的人生，發現時間滴答地流逝。我們都試圖以某種方式進行掌控，同時也害怕到頭來自己遭掌控或排斥。有人不曾體會過這一切嗎？所有人（以自己或世人的標準衡量），無論成功與否，有誰不曾在某個時候以某個方式有如此的感觸？

　　這是人類最古老的故事之一，浮士德傳奇是它最有力的表現。浮士德與魔鬼交易的故事以各種形式一再出現在歐洲文學中。這故事至今仍令人深深著迷，正因為它生動有力地描述人們心靈在全球市場揮之不去的罪。

　　浮士德本人很可能是一名表演者、占星家與煉金術士，1480年左右出生於德國普福爾茨海姆（Pforzheim）以北的尼特林根（Knittlingen）。他在世時就已惡名昭彰，人們指他有各種不端行為，有些可信，有些顯然是虛構的。但在傳奇中，浮士德最主要的事跡是與魔鬼交易，出賣自己的靈魂，換取世間所有的樂事。

　　在十六與十七世紀新教盛行的德國，浮士德是長篇布道文章的題材。他也成了大眾戲劇與木偶戲常演的戲碼，加入

了許多滑稽與風趣細節。這故事完美地迎合人類對罪惡持久的迷戀：浮士德身陷地獄火焰的結局，不僅可予人驚悚刺激的感覺，也是對大眾的一種道德教誨。

但這故事並沒有停留在這層次：兩部文學作品將浮士德的地位提升至人類境況的永恆原型。

在十六世紀末，浮士德傳奇已傳遍歐洲，1592年出現一個英語版本，而這幾乎肯定是克里斯多夫・馬洛（Christopher Marlowe）劇作《浮士德博士》的根源。這無疑是馬洛最偉大的作品——如果他不是因為在德福（Deptford）的一個酒吧與人爭執而29歲就被殺，誰曉得他還會寫出如何令人讚歎的作品？馬洛將浮士德傳奇從原始的路德宗教誨提升至文藝復興的層次。

馬洛筆下的浮士德是一個永不滿足的人，他知道知識就是力量與財富。他對體驗與支配世界的渴望無窮無盡，這是驅使他前進的動力。在馬洛筆下，浮士德成了一位大人物，決心不惜代價掌控世界。魔鬼路西法（Lucifer）的僕人梅菲斯特（Mephistopheles）起初還試圖遊說浮士德放棄他的野心，但徒勞無功。浮士德斷絕一切後路，並與魔鬼簽下契約，以自己的靈魂交換在人世間二十四年的滿足：

> 如果我的靈魂多如天上繁星
> 我會把它們都交給梅菲斯特
> 透過他，我將成為世界的偉大帝王

喧鬧的事接踵而來,但並非一切都很順利。一位老人懇請浮士德認清自己在走的路,他差點就聽從勸導,可惜再度失控沉溺。戲劇接近高潮時,浮士德要求一親女性美的典範——特洛伊的海倫,以滿足他「內心慾望的渴求」。此次邂逅是他人生的巔峰與滿足的一刻,但也是魔鬼要他完全履行契約責任的時候:

> 這就是那張令千帆並舉的臉嗎?
> 特洛伊高塔也付之一炬?
> 可愛的海倫,請用你的一吻令我不朽
> 她的唇吸走了我的靈魂:看,它正飛往那邊!
> 來吧,海倫,來吧,將我的靈魂還給我
> 我將在此棲身,因為天堂就在這唇裡
> 不是海倫的都是垃圾

從這一刻起,浮士德再也回不了頭。他被迷住了——迷住他的,與其說是一些瑣碎無聊的東西,不如說是一些不真實的事物。此劇以一個傳統但有力的戲劇性結局收尾:午夜的鐘聲敲起時,極度痛苦的浮士德被送往地獄。

在馬洛筆下,浮士德已經是一個有關人類好奇與貪婪本能的寓言。但在歌德的經典巨著中,這故事更加豐厚、細緻微妙,而且比馬洛的非凡傑作有更多的隱晦語義。

歌德一生花了大量時間寫他的《浮士德》。1770年代早期,他開始構思這作品時年僅二十幾歲。整部作品完成於

1832年,距離歌德漫長一生的終點只有幾個月。歌德在創作的後期才知道馬洛的版本。在半個世紀裡,歌德的《浮士德》演變成分兩部分的重量級劇作,台詞超過一萬兩千句(是馬洛版本的八倍)。如果說馬洛的《浮士德博士》是文藝復興時期的大作,那麼歌德的《浮士德》就是啟蒙運動所催化出的巨構。這作品因為異常龐大複雜,很少會完整演出。2004年,我在柏林看過彼得·史泰因(Peter Stein)製作的版本,演出以一個週末完成,效果令人難以忘懷:它的壯麗有如華格納,內容與風格的多采多姿,可媲美莎士比亞,它的後啟蒙運動開放性,則呼應了解自身探索高度與深度的二十一世紀精神。

歌德筆下的浮士德與其說是訂了一份契約,不如說是押下一個賭注。和馬洛筆下的浮士德一樣,他厭倦了埋首書堆,渴望行動與切身體驗。不過在與梅菲斯特的談判中,他堅持一個關鍵的條件:

> 如果我對某一瞬間說:
> 逗留一下吧——噢,你是多麼美!
> 那麼你就可以為我扣上鐐銬
> 我將快樂地接受毀滅
> 願死亡的鐘聲在此刻響起
> 而你也就履行了你的義務

這遠比簡單的契約複雜,它是在考驗梅菲斯特能否提供

第七章 ▶▶ 浮士德與年輕財主

哪怕只是瞬間的單純滿足。這成了浮士德探索經驗的非凡旅程。他會碰到這麼一個瞬間嗎？

和馬洛的版本一樣，浮士德的旅程也有一些詼諧情節。不過在歌德筆下，他的經歷豐富得多，其中包括葛麗卿（Gretchen）的悲劇：浮士德引誘了天真的少女葛麗卿，在她懷孕後斷然拋棄她。故事在強烈的痛苦中展開，葛麗卿因為殺嬰而赴死，她呈現得愈受崇敬，而浮士德則剛好相反。

浮士德繼續他的旅程，在此過程中逐漸不再是某個具體有血有肉的人，而更像是一個象徵性角色。不是一般人，而是象徵那種有雄心壯志、不會滿足於空談或趨炎附勢的人：浮士德渴望體驗並影響世界，必要時動用梅菲斯特的服務。歌德筆下的浮士德有拿破崙的特徵，而且與馬克思也有共鳴（馬克思對不參與世事的學問追求有一句著名的批評：「哲學家致力理解世界，但重點卻是在於改變世界」）。他幾乎就是時代精神的象徵──這種精神於十八世紀初露端倪，二十世紀時達致巔峰，其特徵是躁動不安、關心現世、熱愛探索、專橫跋扈、不知厭足與勇於行動。

歌德的《浮士德》暗示與諷喻之豐富，令人嘆為觀止。在葛麗卿的悲劇之後，故事進入漫長的第二部分，浮士德經歷種種奇遇，其中有些場面是諷刺歐洲十七、十八世紀腐化墮落的舊政經體制（極富先見之明的一場，是梅菲斯特促成一名不負責任的統治者以印鈔票的方式化解財政窘境，結果觸發了通貨膨脹）。浮士德還經歷古希臘發現之旅（但人類

229

能藉由回顧傳說中的黃金時代得到滿足嗎？），邂逅特洛伊的海倫（和馬洛版本不同的是，他似乎發現這種極樂是無法持久的，因為它完美而不真實，並不屬於騷動的現實），然後回到現實世界（影射受法國大革命餘波影響，動盪不安的十九世紀歐洲社會），最後精采的結局，是浮士德非凡的升天（和馬洛版本的下地獄結局截然不同）。

在這部描繪現代人類精神的巨構的最後一幕，浮士德承擔了一個任務，它一方面看似平淡無奇（相對於先前的神奇經歷），但在另一層面上卻象徵著人類按自身需要規畫、改造世界的慾望。浮士德排掉沼澤地的水，令它變得適合人類居住，這讓他在漫長探索的一生（他的壽命為象徵性的100歲）走到終點時，終於得到一種滿足感。因此儘管死亡將至，他向梅菲斯特喊道：

> 在自由土地和自由人們站在一起！
> 這一刻我可以說：
> 「逗留一下吧——噢，你是多麼美！
> 我人間歲月的痕跡
> 將永遠不會消失於萬古之中。」
> 這極致快樂的前兆
> 如今是我最偉大的時刻。

梅菲斯特實際上已輸掉他的賭注。浮士德的承諾不僅是附有條件的，而且能夠增進人們福祉；也就是說，這並不是

第七章 ▶▶ 浮士德與年輕財主

一時的自我滿足。

接下來是一場奇怪、意義模糊的升天。梅菲斯特遭驅逐,浮士德的靈魂被帶到一個天堂。上帝似乎不在這裡,但天主教的天堂之母——榮光聖母(Mater Gloriosa)接納了浮士德,讓他脫胎換骨並得到救贖(就像葛麗卿那樣)。歌德絕非傳統基督教徒,但這生動、神祕的結局,肯定不是純粹諷刺。他針對恩典與救贖(非傳統)所傳達出的理念,充滿著困惑不定與欠缺答案。最後的「神祕合唱」也是如此:

> 短暫的事物
> 全都不過是影像;
> 那無法達成的
> 正在實現;
> 無法描述的
> 現已完成;
> 那永恆的女性
> 吸引我們向前。

浮士德是歌德為現代人創造的一個角色。歌德對他那時代浮現的事物深感困惑(如果他看到這一切在二十世紀產生的後果,必定會驚駭不已),他筆下的「勇士」反映了這種困惑。如研究歌德作品有成的英國學者約翰‧威廉斯(John R Williams)所言:「浮士德的理想主義因為他惡魔般的冷酷無情而受損,他對成就的滿足受制於過度的貪婪,他的利

他行為因為急躁而遭抵銷,他的富裕因為罪惡而遭敗壞,而即便是他最後的烏托邦願景,也因為全然諷刺而遭顛覆。」梅菲斯特最後失去了對浮士德的控制。但浮士德的結局帶出的希望,不是簡單地寬恕已經發生的一切,其救贖的基礎與涵義,令人著迷地留下困惑。

《浮士德》的華麗多采令人讚嘆不已,歌德本人或多或少明確承認這作品的離心傾向與開放意涵。《浮士德》豐富的暗示與諷喻,催生了整個文學評論產業。歌德本人一再拒絕確認作品的明確涵義。或許一如所有偉大的藝術品,給與欣賞者自由解讀方為創作者才華的標誌。

《浮士德》之所以和二十一世紀的全球化世界持續相關,的確是因為浮士德經歷的曖昧含糊、那有缺陷的最後勝利的模糊,以及升天的奇怪模糊。在葛麗卿的故事中,我們看到脆弱的人受傷害的悲劇。但這是誰的悲劇呢?只是葛麗卿嗎?還是也包括浮士德?在特洛伊海倫的故事,我們看到人類逃離現實,進入理想境界與世外桃源的誘惑,以及這種夢想的虛妄——因為我們不可能從桃花源的享樂中得到滿足,我們必須面對令人為難的現實。最後滿足感似乎來自實現某種平淡無奇的事務,甚至連不擇手段的惡霸也是這樣。對於胸懷無邊壯志,想要成為歷史巨人的人來說,這是多大的諷刺。(這會不會是我們這年代的從政者無可逃避的命運?)

此外,梅菲斯特一直在那裡:邪惡存在的感覺,至少能

第七章 ▶▶ 浮士德與年輕財主

提醒我們,事情一旦出錯,後果可以非常嚴重。雖然我們已不再擔心魔鬼潛伏在每一個角落,而世界也已很難維持絕對的道德準則,我們仍保留著邪惡存在的觀念。這仍是我們對自己感到不舒服的重要原因。

然後還有那最後的升天。浮士德獲得救贖的基礎是什麼?上帝究竟在哪裡?無論這一切意味著什麼,它顯然不是對浮士德努力自我實現的簡單認可。那最後的神祕合唱又究竟想告訴我們什麼?「吸引我們向前」的「永恆女性」是什麼?(這問題留待最後一章討論。)

經過歌德的創作後,浮士德顯然已遠遠超越十六世紀簡單道德戲劇的層次。歌德此劇的核心,是一個透過行動與擁有、實現自我的個體的原型。若不想「什麼都不是」,可以選擇「是更多東西」,而這意味著更多的行動和擁有更多。這是要付出代價的,但這代價是在個體有所認知的情況下付出的——至少是部分知情。因此,隨著全球化促使人類意識日益個體化,這原型能引發愈來愈多人的共鳴。

* * *

若干世紀以來,浮士德交易一再成為文學作品的題材,這是不足為奇的事。卓爾不凡或自詡卓爾不凡的個體為此付出代價,是一個永恆的題材。莎士比亞(人們說,你能在莎劇裡找到每一種人類本能、想法或感覺)的馬克白(Macbeth)就是最好的例子。在這齣莎翁的悲劇裡,馬克白

233

在謀殺國王鄧肯前,有一段滿帶懷疑與猶豫的動人獨白:

> 如果完成此事就大功告成,那麼還是趕快完成的好。
> 如果此次暗殺絕無後患,他一死我即可成就大業;
> 只此一擊就能達成此生最高目標,一勞永逸;
> 那麼此刻在時光大海的灘岸上,
> 來生如何也顧不了那麼多了。

這是一筆浮士德交易。在妻子的慫恿下,馬克白接受了這筆交易:他出賣自己的靈魂,換取權力去「創造歷史」。很少人會做這種創造歷史的大事,但為了野心與權力,而過度犧牲的人太多了。或許目標越世俗,我們越容易就自己正在做的事欺騙自己。

浮士德交易還有許多其他形式,交易者最終總是發現,自己是把靈魂賣給了魔鬼。享樂至上的行為就是一個例子,這方面最典型的代表人物是唐璜。在莫札特的歌劇中,他是最強大的男主角。唐璜踏著「征服」女性的路(十八世紀的委婉說法),引誘一女子時殺死了她的父親,最後在墓地碰上死者的塑像,但他拒絕悔改,因此被罰下地獄。對一些人來說,唐璜死不悔改是他們暗地裡欽佩他的原因──就像他是蔑視諸神權威的普羅米修斯式英雄似的(又或者是接受自己的下場是無可避免、但不認為是一種懲罰的存在主義式英雄)。但他其實是徹底自私的尋樂者典型,實際上也做了一

第七章 ▶▶ 浮士德與年輕財主

筆浮士德交易。有多少人像他這樣呢？還是那句話，獎賞越是世俗，代價就可能越隱蔽。

另一種誘惑是以真正的創造力來交換創作名聲（或財富）。果戈理（Nikolai Gogol）1835年出版的作品集《蔓藤裝飾》（*Arabesque*），有一篇名為〈肖像〉的短篇故事，講的正是這種交易。故事的主角是聖彼得堡一名典型的年輕貧困畫家，他在一家藝術品商店裡發現了一幅顯然未完成的奇怪肖像畫，畫的是一名穿著亞洲式長袍的不知名男人。畫中人的眼睛似乎盯著年輕畫家，他被這幅畫迷住了，掏出自己最後的二十戈比買下它，因此沒錢付他閣樓的房租。在可怕的夢境中，他似乎看到那男人走出畫框，在地上丟下一卷卷鈔票，他偷偷藏起其中一卷。醒來後他發現畫框裡真的藏著鈔票，他決心利用這筆錢解決他的困擾與貧窮，俾可提升自己的創作才能。但結果他沉迷於舒適的生活，而且還靠畫那種沒有藝術價值的流行社會肖像賺更多錢。最後，一名窮學生畫出大獲藝評家讚賞的作品，他嫉妒成狂而精神錯亂。

這詭異故事的第二部分交代這幅畫的來源。在一個偏遠鄉村，一名被認為跟魔鬼交易的放貸者委託當地一名畫家為他畫一幅肖像。畫家感到不安，但放貸者求他完成肖像：他似乎感覺到，如果他在肖像完成之前死去，他就難逃劫數。結果他真的在肖像完成前死去，而這幅未完成的畫作則令每一個擁有它的人心神不寧。

果戈理的故事洋溢著十九世紀的超自然主義色彩，這跟

十八世紀的歌德、甚至是莫札特的觀念看來格格不入。但是，儘管外觀不同，浮士德主題仍清晰可辨。〈肖像〉中的年輕畫家查可夫（Chartkov）出賣自己的創作動力，換取金錢、體面及舒適的生活。我們有多少人是以某種方式在做同樣的事呢？

　　浮士德交易的另一種形式，出現在另一個有關肖像的故事，這故事在英語世界遠比果戈理的〈肖像〉流行，它就是王爾德1891年出版的《格雷的畫像》（The Picture of Dorian Gray）。年輕的格雷有一個心願：由自己的肖像代替他變老。這心願成了他青春永駐，自私求美的邪惡基礎。這故事和浮士德有許多顯著的相似處：格雷拋棄一名年輕女演員，結果毀了她，這顯然與葛麗卿的悲劇相似；他有連串惡行，包括常常光顧鴉片館；和馬洛筆下的浮士德一樣，格雷甚至有悔恨自責的一刻（說是評估狀況、反省檢討也可以），但不曾真正自覺有罪。格雷一直保持著非凡的青春美麗，而他的肖像則逐漸衰老。在故事的結局，他割破畫像，結果跌倒在地，變老、衰竭、死亡。在馬洛筆下，浮士德的結局是下地獄，王爾德則是為格雷安排了一個世紀末（fin de siècle）下場。

　　王爾德的故事有一部分是在講追求享樂（就像唐璜那樣），但它也講一個經典主題：人類拒絕變老與排斥死亡。還有什麼比這更能彰顯今天的時代精神呢？大量現代人以各種方式屈服於這種慾望：瑣碎的、微妙的、間接的、明顯

第七章　浮士德與年輕財主

的。它顯然就是整容業的心理基礎,對健身和健康飲食的狂熱追求也體現了這種心理。更重要的是,許多政治與商界領袖遲遲不肯退休交棒,尚且故作哀怨接班人還未到位,也是受此影響。此外,我們視長壽為一種美德(甚至是獎賞),而不是天賜的禮物,助長了社會的這種執迷。

浮士德與權力野心、浮士德與追求享樂、浮士德與創作才華的貨幣化、浮士德與追求青春永駐。浮士德有許多變體──與人類努力追求滿足的方式一樣多。

那麼,浮士德野心的僕人──梅菲斯特又如何?在這個城市化的全球市場世界,人類之間的聯繫日益緊密,同時也愈來愈個體化。在此情況下,現代的梅菲斯特肯定是貨幣。如經濟學指出,貨幣既是交易媒介,也是價值儲存的工具。也如哲學家指出,貨幣的價值儲存功能在許多人心中,已演變成價值本身的體現。手段變成了目的。投資、生產與貿易的潤滑機制成了它自身的目的。僕人看來正逐漸變成主人。

自西班牙人從新大陸運送黃金至歐洲起,多個世紀以來,上述情況顯然出現在民族國家的層面上。重商主義者對積累黃金(後來是貨幣準備)的渴望,在二十一世紀仍繼續扭曲國際經濟關係,導致全球金融失衡。如今經濟學家與政治人物正在爭辯由此衍生的政策議題。我們不該忘記的是,這些失衡現象也反映了一種根深柢固的人性傾向。

這傾向普遍影響個人心理。貨幣具解放潛力:它能打破社會壁壘,讓人們能蔑視常規──這有時是好事,有時是壞

事。它是幫助我們追求夢想的僕人。在馬克白或唐璜世界只有貴族能做的事，在歌德浮士德或果戈理或王爾德世界中只有藝術家與文人能做的事，如今正日益大眾化。愈來愈多現代人能做浮士德交易，而將自己交給現代的梅菲斯特。要做這種事，不再需要是什麼大人物。

這就講到了聖經中那個年輕財主的故事。這個年輕人當時是一個有財勢的人，和他同等地位的人，在現代社會一般以中產階級自居。他默默無聞，但成功且富有。儘管如此，他似乎體會到有些事情不甚滿意。他並不是那種樂意對剛過去瞬間說「逗留一下吧」的人。他遇到一位導師，這導師當時因為言行挑釁刺激、甚至是令人不安（這是最輕描淡寫的說法）而名聲日響。他問導師應做什麼方能承受永生（並得到安寧──雖然沒說出口，但言下之意是這樣）。導師的答案在當時是傳統說法：遵守十誡所記載的道德法則。年輕財主回答說，這一切他從小就遵守了（或許他真的相信是這樣）。這時候導師才注意他的真正需求。這故事在《馬太福音》、《馬可福音》與《路加福音》中基本相同。不過，《馬可福音》多了一個重要的細節（這很不尋常，因為《馬可福音》是學者幾乎一致公認的最早福音書，細節、省思與詮釋相對較少）：導師「看著他，就愛他，對他說：『你還缺少一件；去變賣你所有的財寶，分給窮人，然後來跟從我，因為你將能在天上得到財寶。』」

這是針對個人的話，是說給有特定需要的特定個人聽

第七章 ▶▶ 浮士德與年輕財主

的。這個人愛財成癮，有如貪杯者不能沒有酒。導師開出的藥方，實際上適用於所有上癮的人：首先是認清自己的狀況，然後你就跳脫進入新的人生，它豐厚程度是你無法想像的。

這位年輕財主的問題，也可以這麼描述：他實際上違背了他宣稱遵守的其中一條誡律。這條誡律在當時極受重視，權勢中人有自尊心者都不會考慮違背，而這位年輕財主肯定不會承認自己違背了該誡律。這就是十誡中的第二誡：不得崇拜偶像。這位年輕人以為財富在自己的掌控之中，但實際上他自己卻被他的財富控制了。他的財富成了他崇拜的偶像，成了他的神。

我們也可以換個方式講：他做了一筆浮士德交易，而僕人已經成了主人。不管我們如何解讀，這故事的結局令人慨嘆：年輕人迴避考驗，「憂憂愁愁的走了」，此後再也沒有任何聲息。他被他的僕人所奴役。

* * *

這一切並非純粹是文學探索。浮士德與年輕財主的故事觸及許多人的真實境況——所有的時代，所有的地方，當然也包括眼前的二十一世紀初：那麼多人在全球市場中忙得不可開交。在我們生活的這個世界，一切日益成為待售的商品，連我們自己也不例外。

那麼，我們該如何避免墮入陷阱？迴避社會以避免遭污

染嗎?但如果迴避社會意味著靠不勞而獲的所得過舒適的生活,避開狂亂的人群,那麼能選擇這麼做的人勢必僅限於特別受寵的少數人──只有過度浪漫的人,才會妄想這可能成為多數人的生活方式。但不管如何,這種放縱本身就伴隨著無聊、不滿與空虛。我們當然還有其他道路可走,它們表面看來像是在迴避社會,但實際上恰恰相反。我曾到過阿索斯山(Mount Athos)[2],接觸過一些選擇在那裡度過餘生的修士。若想避靜或補充精神養分,阿索斯山是最理想的地方:這裡不僅有美麗的自然風光,還有歷史悠久的大量塑像與壁畫。但如果只是想逃離金錢與商業世界,這動機遠遠不足以令任何人想在阿索斯山度過餘生。在山區避靜是一回事,在山上過一輩子則完全是另一回事。

那麼,我那位在加爾各答的前銀行家朋友選擇走的路又如何?這不就是那位年輕財主應該接受考驗、選擇走的路嗎?

嗯,或許是。不過那位年輕財主的考驗是他個人的。他的故事並不代表金錢永遠不能成為真正的僕人──這故事只是提醒我們注意財富衍生的責任與危險。我們是否應該像耶穌對年輕財主所說的那樣脫離金錢世界,應該是個人自己要面對的問題。不過有一件事是很清楚的:這樣的道路可能崎

---

[2] 譯註:全稱為阿索斯山修道院自治州,希臘北部馬其頓地區的一座半島山,東正教的聖山,有二十座修道院。

第七章 ▶ 浮士德與年輕財主

嵎危險,個人不能只是為了迴避社會而選擇走這種路。作此選擇的人是受它的吸引,而非僅是厭惡多數人走的路。我認識的人若是選擇走非金錢道路,並且堅持不懈,顯然都得其所哉,而且入世的程度不輸任何一位積極進取的交易商。

無論如何,這條路只能讓少數人去走。事實是人類的福祉與發展,有賴我們多數人以某種方式參與生產與交易。正是這種經濟活動創造出盈餘,支持阿索斯山、未來希望(Future Hope)以至Familia Moja兒童中心的運作(當然還有和我們息息相關的退休基金、教育、醫療,以及各種社會服務)。

而且正如先前章節所言,生產與交易在全球市場體制中運作,這體制雖然有諸多缺點,我們並無可行的代替物。我們大多數人別無選擇,只能在這體制內努力,在生活與工作中面對種種模糊曖昧與瑕疵(包括我們自己的)。

認識並接受這種普遍的道德模糊性(moral ambiguity)至為緊要:若非如此,我們永遠無法融入,或者會崩潰,或是做某種罪惡的交易。接受這種模糊性不僅是幫助我們生存。如果我們希望擺脫生命不過是「倒霉的事情一件接一件」的觀念,我們就必須先認清此一事實:世界會是現在這模樣,部分原因在於我們自己。世界的種種瑕疵,我們既是根源也是受害者。我們可以看到自己被困在蜘蛛網上,我們必須從這裡開始。

在第一章中,我們講過藏在不完美本質中的模糊性。不

241

接受這種模糊性的重大危險之一,是我們可能禁不起選擇浮士德交易的誘惑。浮士德交易就是立即得到完全的愉悅╱權力╱性╱金錢,代價是接受後果,不管那是什麼。我們不斷在許多小地方做浮士德交易,有時會以自己無法忍受不完美的模糊性為理由。問題如此艱困難解,如果我們可以忘了這一切,然後盡情購物,為什麼還要跟這種難題糾纏呢?問題是這種交易其實是虛妄的,因為我們會發現,這種方式也無法帶給我們滿足。那種愉悅在我們手中就融掉了。因此才有如此普遍的不完美事物,而這似乎總是以某種方式困擾我們的精神——無論我們是否想在身後留下一座碑,還是只想擁有快艇。

考慮到這種種模糊性,我們必須承擔此一難題。而在處理問題的過程中,我們將發現必須願意遵循某些指導原則,只有這樣才能避免掉入浮士德陷阱,持續留在通往真正滿足的道路上。這些原則並不新鮮,至少不會比有關金錢的老生常談或浮士德傳奇新鮮。在某個意義上,太陽底下的確無新事;不過相對於人類史上先前任何一個階段,全球化令這些原則對更多人有更大意義,而且意義更為迫切。

第一原則是品德原則。如第五及第六章討論商業時所言,價值觀對(長期)價值至關緊要。應用在個人身上,這原則就是:價值觀對從工作中得到真正的滿足至關緊要。由此引出一些問題:什麼樣的價值觀?它們是否因文化而異?是的話,誰來決定哪一套價值觀是正確的?商業世界恰恰是

第七章　浮士德與年輕財主

太陽底下每一個教派、文化與社群的交匯點，我們真的能說商業世界有一套普遍適用的品德標準嗎？

但是，這種質問的辯論效用大於實際意義，因為全球市場引人矚目的一個特點正是：大家對何謂合乎道德的商業行為意見相當分歧。個人以至整個文明對非常重要的道德問題實際上常有不同意見，例如墮胎、安樂死、幹細胞研究，以至恐怖行動嫌犯的人身保護令等。在理論層面上，哲學家可以辯論絕對或普遍適用的道德原則是否存在；果真存在的話，這些原則有何根據？我們該如何辨識？但事實上市場的道德標準幾乎是有普世定義的；這並非基於某些形而上真理，而是基於人類心理的實際情況，而且也是因為若想永續經營，就非如此不可。所有人都知道信任與誠實對永續經營極為重要。所有人都知道你雖可永遠欺騙某些人或暫時欺騙多數人，但你不可能永遠欺騙多數人。心理學告訴我們，許多人會嘗試這麼做。但心理學也告訴我們，這不可能帶給我們持久的成功、名譽或滿足（它們是大多數人某程度上渴望的），因為這一切的前提是品德，藉由誠實、信任，以及真正渴望以價值交換價值。

其他指導原則可說是從品德原則衍生出來的，它們值得一一闡述，因為其整體效果是將第一原則的涵義，擴大至完整的行為指南。我們將看到，全球市場中的品德，其意義遠遠超越全球市場。

由此講到第二原則：若想獲得滿足，我們必須視其他人

（同事或顧客）為目的，而非僅是手段。無論是以目的或手段視之，職場中的人際關係當然都是重要的。而在一個充滿不確定性與市場競爭的世界，只有幼稚的人才會忽略以下事實：為人際關係負責有時難免要處理痛苦的難題。但我們也都知道，組織生活歷來充滿不正直的人物：他們操弄別人、出爾反爾、諂媚欺騙，純粹看數字管理組織（儘管組織不僅僅是組織，還是一種生物體）。不過我們也都知道，這將走向遭受驚懼、鄙視與孤獨的盡頭。

第三原則：如果目標是奉獻最多而非得到最多，雄心壯志跟滿足感——真正的滿足感——完全沒有衝突。而競爭心也未必是壞事（在人類的組織中，領導結構幾乎一定是金字塔型的，為實踐抱負，力爭上游往往是必要的）。只有在當事人拋棄第二原則（視同仁為目的，而非僅是手段）時，競爭式雄心才會造成禍害。而如果目標變成「生命的終極意義」（be-all and end-all of life；此詞源自馬克白，應提醒我們警惕浮士德陷阱），則所有雄心都禍害無窮。

這直接帶出第四原則：人類有需要、也有責任平衡對各生活領域的承諾。這些領域通常互有重疊，其界限是模糊的。它們包括家庭、工作、朋友與較廣闊的社會群組，以及內在的自我。這些領域之間的關係非常多樣，在相互連結與個體化並存的全球化世界更是如此。如何平衡各領域才算是健康的生活是一個大議題，事實上有許多書整本都在講這問題。不過，在這裡我們不需要討論這些健康生活處方（我們

應期望它們非常多樣,好適應各種各樣的人),我們只需要體認到這種平衡對獲得滿足與避開浮士德陷阱至為緊要。

　　第五是關鍵的領導原則。成功的領袖需要怎樣的人格特質,這分析工作是企業或組織心理學家的任務。不過,近年來,愈來愈多人認識到所謂「僕人式領導」(servant leadership)的價值。這種領導方式的精髓,不在於支配人的心理,而是嘗試藉由分享與分擔、樹立榜樣、喚醒其他人的領導本能,為共同目標努力。在最好的情況下,僕人型領袖完全清楚自己不能推卸決策責任,必須經常承擔決策風險(包括令自己變得不受歡迎的風險)。不過這種領袖也承認其他人的領導作用與貢獻。他們認為每一個人都有領導責任與潛力,不管他們在組織架構圖中處於什麼位置、是否有需要向他們報告的部屬,因為無論好壞,每一個人都能影響別人。領袖如將領導工作視為支配與操控,則領導與被領導者皆將日趨貧乏;領袖如將領導工作視為上述這種服務,則領導與被領導者皆將日益充實,而且組織的領導也將能更持久有效。

　　最後是支撐上述一切的一個關鍵原則,教人如何成功的書往往忽略了這原則。我們必須能夠看著鏡裡的自己,然後就我們在全球市場中的角色問兩個問題:我眼前所做的事如何促進人類福祉?我為什麼要做這些事?這兩個問題很重要,因為我們的工作對我們有諸多要求。它或許不是——也不應該是——我們生命的終極意義,但它也並非僅是一種嗜

好。對大多數人來說，工作消耗了我們大量、甚至是絕大多數創造能量與潛力。這代價高得我們無法告訴自己：我這麼做只是為了錢。同樣的我們也不能只是告訴自己：我做這工作，是因為我可以做得很出色；是因為我不知不覺擔起了這職務；或者是因為我別無選擇，只能困在這裡數日子。這些答案或許反映我們的真實情況，但沒有一個能令人滿意。金錢、抱負或機緣湊巧都不是好的工作／生活原則。我們必須為以下問題找到一個更好的答案：我所作為何、所為何事？這問題其實有兩部分：我的工作有何價值？我為什麼要做（而不是由其他人去做）？

答案很重要，因為我們的人生只有一次。無論何時，我們就自己未來的路、就我們在全球市場中的角色，只有三種選擇：以自我為核心的浮士德交易；隨波逐流；尋求貢獻。隨波逐流當然不是答案，正如浮士德交易也不是出路。隨波逐流跟浮士德交易剛好相反。隨波逐流者不發摘星夢，因此不會跌得粉身碎骨。他們就算說出「逗留一下吧」，也不會有什麼危險。他們或許能在生活的其他領域找到滿足，但在耗用他們大量時間的工作中卻不行。隨波逐流會令心靈枯竭，往往令人陷入些許的憂鬱狀態。隨波逐流的路，不需要梅菲斯特的幫助。

關鍵事實是，這三種選擇只有一種能帶給我們滿足。因此，我們必須能夠回答以下問題：我的工作有何價值？它有用到我的天賦與興趣嗎？它能激勵我、助長我、考驗我或教

第七章 ▶▶ 浮士德與年輕財主

育我嗎?如果不能,我為什麼還要做這工作呢?

注意,我們的貢獻永遠不會是清晰明瞭的。它往往是間接的,而且總是有瑕疵的。但每一個人都必須面對上述一般及具體的問題。工程師能看到自己的橋樑設計如何增進人類福祉嗎?銀行家的貿易融資業務又如何?零售商呢?企業律師又如何?財政部的公務員呢?髖關節專家呢?不同灰色地帶之間,貢獻與破壞之間,無形的界限在哪裡?很多時候光是提出問題就已經是有益的。若想得到滿足,我們就必須能夠對著鏡裡的自己說:我做的事大致上有增進人類福祉,儘管它是有瑕疵的。(這是獲得滿足的必要條件,但不是充分條件:動機和行為也很重要。)如果我們沒辦法對自己這麼說,那就是我們的生活出問題的一個警訊──忽略這個警訊,我們的生命就可能永遠是殘缺的。

當然,在個人層面上,這個議題還大有可談之處。在生命中某些關鍵時刻,這些問題會變得很尖銳:對年輕人來說,是他們剛進社會工作的時候;中年人則可能是面對職業生涯危機的時候──不管是出於什麼原因,他們來到一個十字路口:或者是突破障礙得到更好的職位,或者是被裁撤(企業裁員曾經和離婚一樣罕見,如今則是和離婚一樣常見)。此外,現在大家普遍比以前長壽,老年人也較以往健康,剛退休的人因此也必須面對類似問題。打打高爾夫球、到處旅行,這樣的生活過二十年,真的能讓我們滿足嗎?退休之後是否就不能再有貢獻呢?在退休前的職業生涯裡,我

247

們只能以間接方式貢獻世界，退休後難道沒有直接貢獻社會的方式嗎？

　　遭遇重大挫敗的人當然也有問題要回答。一家上市公司的年輕執行長，先前事業一帆風順，因為某項收購出問題而拖低了公司股價，結果遭董事會撤職，他要如何面對這困境？某家銀行的交易員以虛假交易掩蓋自己的交易損失，結果虧損失控，事件曝光後他該如何面對？前途看好的政壇新秀因為財務問題或性醜聞而受挫，如何是好？又或者社工因為忽略兒童遭虐待的跡象，結果有兒童不幸死亡？我們自己平安無事，當然可以說：「還好有上帝眷顧……」但那些受重創的人怎麼辦？當事人的反應當然很多樣：完全拒絕面對或逃避部分事實（這不是我的錯，其他人也有責任）；憂鬱且失去自尊；甚至是自殺。有些人自責不已；有些人逃避問題（有些人拒絕面對自己）；還有一些人會垮掉。

　　但在此之外總有另一條路：總有可能得到救贖。1960年代初英國政界人士約翰・波夫莫（John Profumo）就是一個好例子。波夫莫因為涉入一宗話題十足、**轟動一時**的性醜聞，政治事業毀於一旦。他隨後低調前往倫敦東部某社區公益團體工作，在那裡得到他的救贖。他最後成了該團體的負責人，退休時已恢復榮譽並備受尊敬。要怎樣才能走這樣的路呢？首先，你必須與自己和解，承認自己所做的事；然後你必須領悟自己對世界有所虧欠；接下來你將從經驗中認識到，如果你能償還這筆債，你的收穫將遠遠超過自己先前所

第七章 ▸▸ 浮士德與年輕財主

能想像的。

此外,(具報償的)諷刺的是,在我們問自己這些問題,並努力面對答案的過程中,我們也豐富了自己的人生體驗(這正是浮士德尋求的)。我們繼續學習與成長。我們可以也必須從自己做錯的事、所犯的過失與遭遇的失敗中學習。我們從這些經歷中學習,終可獲有能力去原諒他人、接受原諒以及原諒自己。在此探索過程中,我們或許能窺見浮士德所尋覓、但又注定永遠得不到的東西,如同詩人艾略特所稱的「每個瞬間都在燃燒的人生」。

這種獎賞可稱為「完整」──與此相反的是危險的「分隔」:將生活劃分不同領域,適用不同規則。分隔正是全球市場的頑固惡習。

但是,這麼講可能會令人以為這目標是完全可達成的。不對,完整其實是無法達致的目標。上述一切都是說易行難,而且我們知道自己常會犯錯。我們可以希望日益接近目標,但我們也知道將經常有所偏離。不過在浮士德傳說中,主角其實有一些獲得自由的機會,這可絕非偶然。事實上,這些時刻總是存在的。因此,我們還是可以期望向目標邁進,儘管那是無法達成的,但我們永遠可以懷抱希望。

第八章

我的終點裡有我的起點

不,我不會,腐肉解飢,絕望,也不會盡情享用;
不是解開的——它們或許鬆弛——這些是人最後殘留的部分
在我裡面或,最疲倦的,我已不能哭泣。我能;
希望我能,在某些事發生時,不選擇毀滅。
　　　　　　　　　　——霍普金斯,〈腐肉解飢〉,1885年

我的起點裡有我的終點。
我的終點裡有我的起點。
　　　　　　　——艾略特,〈東科克〉(首句與末句),1941年

我們的目標是無法完全達到「完整」的。儘管如此，這個旅程極為重要。終點很清楚，它決定了我們該如何開始。生命的完整——規避精神與道德上皆很危險的分隔習性——必須從接受生命的模糊性開始：源自不完美的模糊性——我們的一切經歷皆充滿似乎無可避免的欠缺完美；人類發展結局的本質模糊不清；以及那奇異的希望法則看似不盡合理，但在任何環境下皆能放出光明。

我們試圖詮釋歷史、評估自身經歷、權衡自己與他人生活中的抉擇時，必須認清上述模糊性。而如果我們想誠實正直地做這些事，想藉此汲取教訓、癒合傷口，我們就必須洞察那些扭曲我們觀點的偏見。這包括兩個層面：我們對歷史與社會，對「外面的世界」的看法；我們的自我認識。在這兩個層面上，我們所有人都有一些偏見；我們未必能徹底去除這些偏見，但至少應努力認清它們。

例如，就「外面的世界」而言，歐洲人就太容易透過以歐洲為中心的視角去看人類史。舉例來說，典型的歐洲人或多或少都知道亞歷山大大帝一些事跡（他可說是歐洲歷史上首位強大的領袖），但對中國的第一位皇帝卻幾乎一無所知，儘管以任何客觀標準衡量，他在全球歷史的重要性也不低啊？相對的，中國人的世界觀從國家名稱——中國（中心之國）——也能看出一些端倪。另一方面，「天命」觀念至今仍是美國自我認知的基礎，支撐著一股愛國精神——歐洲人對此驚嘆不已，認為這種精神具準宗教特質。我們未必會

第八章 ▸▸ 我的終點裡有我的起點

想摒棄這些視角,但如果我們能知悉其他選擇,則必然能增進了解。而且在此過程中,我們將能更清楚體會人類發展之模糊性。

然後是我們的自我認識,它也無可避免地會有一些扭曲。「我們如今彷彿透過墨鏡觀看,模糊不清⋯⋯我如今所知道的有限⋯⋯」[1] 當然,大部分扭曲源自童年。「小孩是大人的父親。」[2] 這就是為什麼名為「玫瑰花蕾」的平底雪橇會是如此有力的一個象徵。只有極少數人有幸免於背負源自起點的包袱;也就是說,在我們還不能省思並形成自己視角的歲月裡,絕大多數人都為日後的人生留下一些包袱。有些人終其一生都在跟源自童年的惡魔搏鬥。「擂台的中央站著一位拳擊手,戰鬥是他的職業⋯⋯」[3] 但許多人並不是為職業而戰鬥,他們只是在跟自己的過去搏鬥。有些人知道這一點,但身不由己;有些人則連自己在跟什麼搏鬥都不清楚。

童年的經歷重挫某些人的信心,許多人因此萎靡不振。這種事情形形色色:小孩可能遭虐待,知道自己令父母失望,或者是以千奇百怪的方式受打擊而不是得到鼓勵。無論如何,童年創傷令這些人的自尊無法健全成長,生命的模糊性與逆境演變成空虛不滿的惡性循環,甚至令當事人自暴自棄。

---

[1] 譯註:語出《哥多林前書》,13:12。
[2] 譯註:語出咸廉・華茲華斯詩作〈我心雀躍〉(My Heart Leaps Up)。
[3] 譯註:出自賽門與葛芬柯(Simon & Garfunkel)歌曲〈拳擊手〉(The Boxer)。

即使是最幸福的家庭，也會造成人的扭曲（這種家庭充滿愛與生趣，生活豐富多采，家人的回憶帶著對時光消逝的愁緒，而不是對過去的忿恨）。事實上，成年人若發現自己想念的父親或母親因為某種原因有某些弱點，而這在自己的心理留下了印記（不管是多淺的印記），可能會感到詫異。在幸福的家庭裡，這種發現可能發生在愛與諒解中（當事人諒解父母留給他們精神包袱，儘管這些包袱帶給他們一些弱點），但對當事人來說，這仍是重大的自我發現。（說句題外話，偉大小說的開頭，最不真實的莫過於托爾斯泰的《安娜‧卡列尼娜》：「幸福的家庭戶戶相似，不幸的家庭各個不同。」）

無論如何，我們越是清楚認識自己的各種偏見與扭曲（關於世界和我們自己），我們就越能認清生命的模糊性（不完美、不確定以及潛在的希望），而我們人生旅途也將有更好的機會。

但是，無論我們如何徹底認清自己的文化偏見與心理扭曲，甚至是將它們擱置一旁，因此增強了自己的洞察力，我們仍是透過某個稜鏡去詮釋與評斷自己的經歷。我們無法避免這麼做。純粹「客觀」地描述世間事（我們是其中的一部分），也就是不加詮釋、不作評斷地描述，實際上是不可能的。這是因為我們無可避免地透過某個代表形而上與道德架構的稜鏡去看事物。我們的稜鏡是形而上的，因為它反映我們對存在（與生命）的起源、本質與價值的理解。它也是一個道德架構，因為我們無法避免評斷——不僅是對金錢價值

第八章 ▶▶ 我的終點裡有我的起點

的評量,還包括對是非善惡的判斷。

我們這個稜鏡可以是特定的宗教教義,有具體明確的道德規律。它也可以是具較廣泛道德涵義的宗教教義,因為並無具體明確的道德規律,我們自己視具體的生活處境斟酌應用。它還可以是我們根據自己的判斷與省思創造出來的一套道德準則,並無任何宗教基礎——因為我們可能是不可知論者或無神論者(這會影響我們的形而上架構)。這些道德準則可能建基於對社會該如何運轉的具體意識形態,也可以走極簡或自由放任路線。當然我們的道德稜鏡也可以是一種無關道德的(amoral)原則,純粹追求私利(這種原則或是跟一種無神論形而上學結合,或是像浮士德那樣,跟我們試圖控制的一種形而上現實結合)。

有些人可以清楚說明他們的形而上觀念:某些宗教人士做得到,無神論者做得到,人文主義者也通常做得到。許多人不這麼做,又或者沒有這種能力。有些人會有意識地、理性地徹底思考自己的道德準則。許多人則繼承祖宗留傳下來的道德架構,而且往往對此架構的內容與淵源一知半解。我們的道德架構通常和我們的形而上架構相關,至少是部分相關。但這並非必然的,此處大有分隔的餘地:世人的言行往往明顯背離,禮拜(或其他場合)時所講的,跟生活中所做的往往是兩回事。相反地,如許多不可知論者與無神論者所言,假設宇宙萬物純屬偶然的形而上觀念,並不是必然會妨礙大家建立嚴謹的生活道德基礎。

255

無論是哪一種情況，我們都必然深信自己的形而上架構與道德基礎放諸四海皆準。我們大有可能承認自己無法確鑿無疑地證明這一點，也無法令每一個人都相信這一點。我們也很可能會承認某些人的形而上與道德架構頗具說服力。我們肯定會維護他們在形而上與道德議題上堅持自身觀點的權利，只要他們不侵犯我們和社會大眾。但是如果我們堅守誠實正直的原則，我們思考問題與採取行動時，就不可能裝作自己的形而上架構沒有重大意義，或假裝自己的道德基礎僅僅是相對的。

這情況幾乎是必然的。我們的形而上架構，就是我們詮釋一切歷史與經歷（人類整體的歷史以及我們自己的歷史）的稜鏡。這些歷史是否比蟻群、甚至是潮汐漲退的歷史更有價值，正是取決於我們的形而上架構。這架構告訴我們，這些歷史為什麼重要以及有多重要。我們根據這些答案詮釋歷史上的成敗興衰、潛力與目的——也對這些做出我們的判斷。所謂可以客觀描述的人類歷史與經歷（也就是不透過我們選擇的形而上架構加以詮釋與評斷），實際上是不存在的。因為我們必須透過某個稜鏡才能觀看自己與自己的歷史：觀看就是詮釋，詮釋就是透過某個形而上架構觀看。

正如我們必定是透過某種形而上稜鏡看世界，我們不可能真誠地將自己的道德準則當做僅僅是相對的——僅適用於我們自己、我們的文化或我們這年代。這麼做是自相矛盾的。例如我們認為奴隸制是罪惡的，儘管歷史上幾乎每一個

第八章 ▶▶ 我的終點裡有我的起點

主要文化均曾認可這種制度並為它辯護。我們這項判斷是絕對正確的。我們認為殺嬰是錯的，儘管自古至今無數社會曾經這麼做（甚至是祭祀的必要步驟）；我們無法接受此一判斷在社會與／或文化上是相對的。我們對農奴制、殉夫自焚與纏足皆持相同觀點。又或者舉一個來自商業世界較世俗的例子：即使只是口頭協議也是有效的契約。我們認為這些都是放諸四海皆準的真理。

當然我們並不確定自己能堅持這種真理到什麼程度。我們知道在許多問題上，社會就孰對孰錯的看法已隨著時間推移而改變。我們也知道，不同文化就同一議題可能有不同看法，至少會稍有差異。我們還知道，在某些議題例如墮胎有激烈的歧見。我們常常有理由承認自己的觀點前後不一，以及我們的觀點經常因應經驗而改變。因此，我們的道德判斷，通常必須同時兼有更多的謙卑與懷疑。

但這一切皆改變不了一個基本事實：某套標準之所以能成為我們的道德準則，必然是因為我們認為它是放諸四海皆準的。這一點跟我們的形而上架構是一樣的。這事實對我們有重要意義。因為保持人格完整與精神健康，我們必須避免分隔。我們必須將自己的形而上與道德架構——我們崇拜什麼、欽佩什麼、珍惜什麼、認同什麼，跟我們對世界的看法、我們正在做的以及應該做的事連結起來。我們身處的領域——我們的家庭生活、社會生活與職業生活——沒有一個可中性而不涉及道德判斷的。

在此意義上,我詮釋事物的稜鏡是基督教義。這裡不適合跟各位完整解釋這對我的意義。如果我嘗試寫下完整的信條,我必定無法辦到:我不是神學家,而且無論如何,我不知道完整的信條長什麼模樣。某位商界友人曾要求我以十個要點概括我的信仰。我試過但不滿意結果。十個要點、十句箴言,它們既太多又太少——太多老生常談,太少源自生活、有關生活的多元智慧。而且點列式陳述會阻礙人們發問。商業生活要求人們果斷行事,慣常以點列形式概括議題,這跟鼓勵提出問題(沒有答案的有意義問題,通往神祕的問題)是截然對立的。更何況點列式陳述會阻礙人們懷疑。但是,雖然懷疑顯然與宗教生活衝突,有多少人能誠實地說自己毫無懷疑?

不過,我的信仰是我的一部分。但我對太多事情不確定,因此無法成為一名基本教義者。而我同樣成不了無神論者,因為在未知的迷霧中,我也窺見了確切無疑的東西——它們不可預知、轉瞬即逝,難以言喻。母親年邁虛弱時,我曾拿早已過世的祖母年輕時的照片給她看,我的一名女兒也在她跟前。母親看到年輕時的祖母和我女兒難以形容的相似表情,不禁眼淚盈眶。結束漫長辛苦的一週,週五晚上喝一杯葡萄酒,在巴哈《郭德堡變奏曲》(*Goldberg Variations*)飄逸的數學美中放鬆身心。站在大主教奧斯卡・羅梅洛(Oscar Romero)的墓前:在1970年代薩爾瓦多恐怖的內戰期間,羅梅洛勇敢地為窮人仗義執言;1980年3月24日,他

第八章 ▶ 我的終點裡有我的起點

在首都聖薩爾瓦多一家臨終安養院的小教堂主持彌撒,舉起聖餐杯時遭刺客槍殺。

還有其他瞬間,出現在因為人們感覺到上帝的存在而變得神聖的地方:週日早上科茲窩(Cotswold)的一間教堂,一千年來人們做禮拜的地方,洋溢著非常英式的日常況味;義大利阿西西城的聖方濟教堂,面對契馬布耶(Cimabue)的壁畫,聖母瑪利亞與天使栩栩如生,七百年後仍閃耀著美麗的光芒;柏林現代的紀念教堂,靜靜沐浴在深藍色玻璃濾過的柔和光線中,位處一座繁忙現代都市的中心,四周滿是喚起歷史悲劇與罪惡記憶的東西;北京王府井天主堂,復活前夕的守夜禮,教堂裡擠滿老老少少的中國人,燭光之外一片漆黑,等待復活的奇跡。

這些年來還有許多其他瞬間。各種各樣的瞬間。艾略特所說的「在時間之內和時間之外的瞬間」[4]。那種我會想對它們說「逗留一下吧⋯⋯」的瞬間——但如果我這麼做,跟我打交道並不是梅菲斯特。

不過這確實是有內容的。這是信仰,不僅僅是經歷或感覺。而我的信仰是基督教,這是我的選擇,並非繼承得來或理所當然之事。它最終界定了我的終點,因此它也是我旅程的起點。這對我有重大意義,影響我對人的本質、經歷與歷史以及自我的理解。它是一個形而上與道德架構,構成我詮

---

[4] 譯註:語出艾略特詩作〈乾燥的薩爾維吉斯〉(The Dry Salvages)。

259

釋事物的稜鏡。我必然透過這稜鏡，運用其意象與智慧去詮釋歷史、評價我職業生涯中的經歷，以及沉思生命中的選擇。

首先，這稜鏡幫助我抵制各式各樣的化約論（reductionism）：認為經歷與歷史不過是一場偶然；認為人的心智不過是大腦中的連串電脈衝；又或者認為人的意識不過是一連串的瞬間，而我們騙自己相信這是某個人連貫的經歷；又或者莫內的畫作不過是化學顏料的排列；又或者生命不過是「倒霉的事情一件接一件」。要害就在「不過是」這個詞中。

這稜鏡代表的形而上學，質疑「不過是」這個詞所體現的化約論。這種形而上觀念認為生命極有價值，善、美、創造力是人類存在經驗中的固有可能。「我來了，是要叫人得生命，並且得的更豐盛。」[5] 透過基督教的稜鏡觀看，人類精神的價值千真萬確，向善與創造的可能極其豐富，但罪惡與破壞的潛力也同樣真實。眾所周知的是，基督教形而上學不曾認真嘗試解釋罪惡的根源或原因：它只是明確指出罪惡存在之事實。伊甸園中就是有那麼一條蛇。路西法（光之使者，他的神聖抱負正是他墜落的原因）的傳說不過是將人類的弱點套在天使身上，一如希臘神話將人類的激情套在諸神身上。它並不解釋。但基督教對人性本質的理解，是以堅持罪惡真實存在為基礎的。它不解釋，但不否認罪惡存在。

---

[5] 譯註：語出《約翰福音》，10:10。

第八章 ▶ 我的終點裡有我的起點

這就說到那三種模糊性的第一種：我們經歷的一切莫不充滿瑕疵。為什麼這會那麼像事物的自然秩序？為什麼人類能夠達致如此崇高的境界，同時又能墜入無底的深淵？莎士比亞透過哈姆雷特思考人性：

> 人類是一件多麼了不得的傑作！多麼高貴的理性！多麼廣大的力量！多麼優美的儀表！多麼文雅的舉動！行為上多麼像個天使！智慧上多麼像個天神！宇宙的精華！萬物的靈長！可是在我看來，這麼一個泥土塑成的生命算得了什麼？

但這只是人性的其中一面。人類的榮耀並非只是無價值的塵土，真相比這更令人不安。從偉大的歷史事件到個人生命中的平凡時刻，我們向自己證明了一件事：人的創造潛力可以無限發揮在欺騙、仇恨、貪婪與殘暴的行徑上。所有跡象均顯示，自人類開始記錄歷史以來，情況就是如此。過去兩千年的歷史就像是一部殺戮史，讀起來像是在看歐亞大陸的地圖集：那麼多城市曾經血流成河，從歐洲到中東，再到中國以至更遠的地方。究其本質，這些事件跟平淡時期傷害平凡人的許多可恥行為並無兩樣：它們處於光譜的同一端。

人類的惡行與殘忍，體現在玩耍中的兒童、夫妻之間、社會排斥、職場生活以及商業世界之中。幾乎在每一個活動領域，我們都傾向說：「在最好的情況下……在最壞的情況下……」在最好的情況下，父母與子女之間的關係有神聖的

261

特質，它能讓人深刻體會愛之神聖脆弱（甚至是神聖的愛之脆弱）。在最壞的情況下，親子關係涉及極度殘忍、無可原諒的行為。在講求保持適當距離的商業世界，影響所有人的市場運作也一樣有好壞兩面。在最好情況下，如我們所見，市場體制是人類最強大的發展與解放引擎。在最壞情況下，市場是危險的道德污染源，滋養著我們心中的一些劇毒雜草。

好壞的兩面同屬一個整體。本書一再提及的一個主題，是我們在全球化的過程中日益緊密相連。但另一個意義上，我們之間的連結是一個事實，自人類開始交流互動以來就是這樣：我們全都陷於同一張網中。我們所有人某程度上皆有「最好的情況」與「最壞的情況」，就像在所有人的生命中，小麥與雜草總是同時生長──每一個個體皆如此，而人類的整體歷史也不例外；或許永遠都會是這樣。全球化既然是一種人類現象，就勢必會反映這種不完美的模糊性，而我們在全球化環境下所做的一切也不例外。

《聖經》呈現的意象，顯然對此有透徹的理解。它首先明確指出人之珍貴。《詩篇》第八篇講到人的價值，文字充滿抒情美：

> 我觀看你指頭所造的天，
> 並你所陳設的月亮星宿，
> 便說，人算甚麼，你竟顧念他。
> 世人算甚麼，你竟眷顧他。

第八章　我的終點裡有我的起點

> 你叫他比天使微小一點，
> 並賜他榮耀尊貴為冠冕。
> 你派他管理你手所造的，
> 使萬物都服在他的腳下。

當然，現實中的人類和他們的行為遠遠沒那麼理想。《舊約》講以色列人的故事，他們被上帝選中並不是因為他們跟其他民族不同，反而恰恰是因為他們跟其他民族完全一樣，因此有代表性。他們的領袖往往貪婪、淫亂、腐敗、兇暴——有財有勢的人往往如此。被領導的人則反覆無常，而且許多行為無疑跟他們的領袖一樣，只是規模較小。

這段平凡的歷史唯一不凡之處，是它在一群先知身上激發出獨特反應。這些先知有時是孤獨的外來者，有時甚至是權勢中人。他們一代接一代地以他們的上帝之名，批判世間的一切——往往有力地表達在詩歌中，可媲美其他文化最偉大的文學作品。

其他文化不曾產生類似的東西。早期的憤怒之聲來自農人阿摩司（Amos），耶路撒冷宗教與文化精英的腐敗城市生活令他怒火中燒：

> 要使你們歌唱的聲音遠離我，
> 因為我不聽你們彈琴的響聲。
> 惟願公平如大水滾滾，
> 使公義如江河滔滔。

美好價值

　　歲月悠悠，許多個世紀過去了，人類還是未能改變本性，抗議之聲一再響起——悲傷的、氣憤的，以至震怒的。文學上最好的例子是《以賽亞書》，其成書時間和希臘史詩《伊利亞德》相近。人類獲得過美好生活的一切條件，但卻在精神與道德上沉淪墮落；對此現象的失望之情，彰顯在《以賽亞書》記述的一場想像中的審判上——上帝是原告，祂將案子交給人類審判（非常諷刺的是，人類本身是被告）：

> 我所親愛的有葡萄園，
> 在肥美的山崗上。
> 他刨挖園子，撿去石頭，
> 栽種上等的葡萄樹，
> 在園中蓋了一座樓，
> 又鑿出壓酒池。
> 指望結好葡萄，
> 反倒結了野葡萄。
> 耶路撒冷的居民，
> 和猶大人哪，
> 請你們現今在我與我的葡萄園中，
> 斷定是非。
> 我為我葡萄園所作之外，
> 還有甚麼可作的呢？

第八章 ▶▶ 我的終點裡有我的起點

> 我指望結好葡萄,
> 怎麼倒結了野葡萄呢?

這裡用的是懇求的語氣。另一種表達方式,是以激烈的文字譴責人類的道德與精神沉淪,例子可在《以西結書》中找到。書中以一個寓言隱喻人類的墮落:一名孤苦無依的女嬰蒙神眷顧,長大成人,成了深得上帝恩典的新娘,但她性慾失控,縱情淫亂:「凡妓女是得人贈送,你反倒贈送你所愛的人,賄賂他們從四圍來與你行淫」。這段敘述,神經脆弱的人是受不了的。

在《舊約》的意象中,我們還能找到一層驚人的意思:榮耀之路無非通往墳墓。《傳道書》所講的,或許會顯得不合時宜:世事變幻莫測,辛勞不過落得一場虛空,而世人到頭來都難免一死;但這些話,數千年來引人共鳴的力量絲毫不減:

> 你趁著年幼,衰敗的日子尚未來到,就是你所說,我毫無喜樂的那些年日未曾臨近之先,當記念造你的主。不要等到日頭、光明、月亮、星宿變為黑暗,雨後雲彩反回,看守房屋的發顫,有力的屈身,推磨的稀少就止息,從窗戶往外看的都昏暗……銀鍊折斷,金罐破裂,瓶子在泉旁損壞,水輪在井口破爛,塵土仍歸於地,靈仍歸於賜靈的神。傳道者說,虛空的虛空,凡事都是虛空。

這種意象部分源自先知與群眾之間非凡的辯證，部分源自《傳道書》（其他文化當然也有討論相同主題的典籍）所反映的那種「智慧」。它將人性中恆常處於緊張狀態的兩種特質連結起來：人——集體與個別的——既無限珍貴，又總是異常任性，永遠都在追求虛妄的東西；這些東西轉瞬即逝，永遠不能給人真正的滿足。以基督教神學的概念講就是：人類同時帶著原恩（original grace）與原罪的印記。

　　「罪」（sin）這個概念令世俗化的現代心靈感到不安。在通俗用法中，罪的本義普遍遭掏空，一般僅就具體行為而言（往往帶很強的揶揄意味），不再有「人會傾向做壞事」的意思。在人文主義者看來，人會傾向做壞事的觀念，說好聽些是悲觀，說得不好聽則是蒙昧主義者嚇唬人的胡說。對希望盡可能以社會學、心理學與神經學解釋人類行為的決定論者來說，罪的觀念很可能不過是前科學年代留下來的不必要精神包袱，和天文學上的托勒密體系（Ptolemaic system）[6]一樣沒有價值。

　　但它解釋事物的功能令人信服。全球化、商業化與城市化所引發的動盪，並沒有否定原罪這概念，反而是對人類以及人類歷史的幼稚樂觀看法破產了。年復一年，我們仍在以無數方式印證原罪這觀念。

---

[6] 譯註：公元二世紀左右埃及亞歷山卓的托勒密所描繪的行星體系，以地球為中心，行星以圓形軌道圍繞地球運行。在1543年哥白尼推翻這學說之前，托勒密體系是描述太陽系的權威理論。

第八章　我的終點裡有我的起點

　　流行用法雖然掏空了罪的概念，邪惡（evil）這概念則仍保留震懾人心的力量，這現象饒富興味。邪惡仍令我們既著迷又困惑，因為我們一再發現，邪惡不僅是以某種超自然形式「在那外邊」，也不僅是「就在」某些夢魘般的歷史事件中（我們沒有涉入其中，因此可以將自己跟這些事件隔離開來），而是也在我們身上、在我們之間，和我們的原恩標誌——創造力與美——並列。

　　對我來說，此一事實在德國威瑪（Weimar）可找到特別有力的證據。歌德撰寫《浮士德》時就住在威瑪，這裡在十八與十九世紀對歐洲文人別具吸引力，可說是德國的埃文河畔斯特拉特福[7]。

　　這個世外桃源般的小城北邊是樹木繁茂的艾特堡山（Etterberg），歌德當年常與公爵家族成員在此騎馬。山上樹林間有一片空地，如今是鋪上碎石的平地，其中一個角落是數棟建築物——惡名昭彰的布亨瓦德（Buchenwald；意思是櫸木）集中營的遺跡。運作八年間，該集中營囚禁了約二十五萬人。布亨瓦德雖然不是像奧許維茲（Auschwitz）或特布林卡（Treblinka）那樣的滅絕營，但在這裡，囚犯仍遭受有計畫的侮辱與殘酷虐待，被殺或遭虐待至死的人數以萬計。

　　在慘無人道的苦役、人體實驗與謀殺之外，布亨瓦德集

---

[7] 譯註：英格蘭中部一鎮，莎士比亞的誕生地。

中營最震撼人心的是這裡的官僚作業。定期的囚犯統計整整齊齊地寫在標準表格上：期初總人數，加上進營人數（按囚犯種類細分），減去出營人數（轉往其他集中營），再減死亡人數（往往是輕易歸因於流行性感冒），就得出期末人數。此營初設時，集中營指揮官跟駐柏林的長官頻繁通信，討論命名問題。不能叫艾特堡或威瑪：兩者皆與歌德的文化遺產太緊密相關。也不能以附近的一個小村莊為名：因為這樣的話就只能按農村的標準支付薪水，不能用較優厚的城市標準。結果當局同意正式名稱定為「布亨瓦德，威瑪郵政區」：這樣既可按城市標準支薪，而且因為實務上名稱會簡縮為「布亨瓦德」，敏感的文化議題也得以避開。

這場討論能以如此官僚的語氣進行，完全避免提及這個集中營實際做些什麼，這事實幾乎跟發生在這裡的暴行同樣邪惡──一切有如正常不過的例行公事，這實在叫人毛骨悚然。我們告訴自己，我們無法將人皮當成皮革那樣對待。但我或許能想像自己陷入這種例行公事。我可以想像自己不再看見當前事務不可告人的目的、動機與價值標準──因為太投入討論情況X是適用法規A還是法規B，我已不再注意情況X實際上意味著什麼。

事實上，我們老是忘了目標與價值標準。這太容易發生了。你不必是集中營指揮官，也能全心投入，致力促成情況X順利完成。而且，情況X與常態的距離，可能不比布亨瓦德與威瑪的距離大：目標之間、價值標準之間的差異可能很

第八章 ▸▸ 我的終點裡有我的起點

微妙,而且如果差異擴大,也可能是非常緩慢的過程。事物漸變,最終扼殺我們的靈魂;在此過程中,我們可能會像溫水中逐漸被煮熟的青蛙一樣不知不覺。

那麼,對此令人生畏的地方,我們如何反應才算恰當呢?肯定不是假裝自己只是旁觀者。因為這種邪惡的扭曲,威瑪與布亨瓦德這兩個名字無可挽回地連在一起。為什麼這種邪惡會跟如此非凡的美與創造力並列?為什麼邪惡不僅體現在可怕的暴行上,還呈現在看似平常的官僚程序中?答案是:人性令一切成為可能,而我們沒有人能將自己與人性遠遠隔離。誠實面對這個地方,你會發現,你是在跟我們這個物種以及我們自己對抗。再沒有哪裡能更生動(及諷刺地)呈現人類精神的兩面了。1812年自莫斯科撤軍後,拿破崙曾向波蘭大使普拉特(D.G. de Pradt)說:「崇高與荒謬僅一步之遙。」但這並不是荒謬,崇高與邪惡也緊緊相依。威瑪距離布亨瓦德只有5公里:很近,很容易前往⋯⋯我們全都可能踏上這種旅程。

原恩與原罪:人類原始的模糊曖昧特質──我們所有人,無論做什麼都無法擺脫的模糊性。它如影隨形,是我們對自己失望、意識到我們達不到某些理想、意識到不公不義(他人及我們自己的)、感受到失望與無常、意識到邪惡事實的原因。隨著全球化趨勢考驗人類的處境,我們愈來愈了解自己能做到什麼──好的與壞的;而我們認識的,其實是一個古老的真相、古老的困境,它深藏在人類這個物種的

整部歷史中，自古以來一直有人為此發聲：在那些富創造美的篇章中，在憤怒激昂的詩歌中，在生存智慧的省思中，在《聖經》非凡的古老作品中。它們引人共鳴的力量不曾因為時光消逝而減弱。因為有關原恩與原罪的真理，對當前二十一世紀全球緊密相連的世界之意義，跟《以賽亞書》與《傳道書》的時代並無兩樣。

那麼全球化的結果終局又如何呢？我們覺得人類發展的路向模糊不清，這感覺當然是很鮮活的。事實上這感覺最近尤其強烈：我們正經歷一場全球金融與經濟危機，信任與信心大規模崩壞，而我們亦日益關注人類對地球的整體影響。

但如俗話所言，太陽底下無新事。終局的模糊性（在全球化似乎至少暫時迷失方向之際，我們強烈感受到這一點）早已完美呈現在《聖經》有關末世的模糊意象中。真的會有某種可怕的末世天啟（apocalypse，此詞意思是「揭開面紗」）嗎？《舊約》與《新約》中對烈火焚燒的末世均有生動描述。自古以來，一直有人嘗試從這些敘述中尋求啟示，有些人愚鈍地嚴格按字面意思理解這些篇章，認為它們具有不可思議的預測力。但它們的真正意義——它們的真正力量——並非源自那種逐字理解的謬論，而是源自這些意象對我們最深層恐懼的反映：我們害怕自己正騎著一頭老虎；害怕杯子不是半空或半滿，而是盛滿了我們正被迫喝下的膽汁；我們害怕人類的苦難整體超過滿足，害怕邪惡正壓倒良善。在現代思想中，「天啟」絕不是一個廢詞。

第八章 ▶▶ 我的終點裡有我的起點

但《聖經》中也有截然不同的終局景象。《以賽亞書》中的和平王國有如經典的維吉爾式世外桃源[8]。其具體意象是非現實的，但也不是超現實的。它和末世天啟一樣不能僅按字面意思理解，但它喚起的氣氛同樣有力，儘管完全不同：

> 豺狼必與綿羊羔同居，
> 豹子與山羊羔同臥，
> 少壯獅子，與牛犢，並肥畜同群，
> 小孩子要牽引他們。
> 牛必與熊同食，
> 牛犢必與小熊同臥，
> 獅子必吃草與牛一樣。
> 吃奶的孩子必玩耍在虺蛇的洞口，
> 斷奶的嬰兒必按手在毒蛇的穴上。
> 在我聖山的遍處，
> 這一切都不傷人、不害物；
> 因為認識耶和華的知識要充滿遍地，
> 好像水充滿洋海一般。

這是一幅圓滿的景象：共善戰勝了邪惡，不再有苦難與折磨。這是一個新天堂。它完全是前瞻式的：沒有暗示這是

---

[8] 譯註：維吉爾（Virgil）被譽為古羅馬最偉大的詩人，名作包括《牧歌》與《耕作的藝術》。

回到某個昔日的黃金時代。這不是重新發現伊甸園，也不是某個死後的極樂世界，而是人類在現世的一個新時代。

　　這裡描述的自然變化細節，即使不嚴格按字面意思理解，我們也能清楚看到它如何為我們一些最深的渴望增色：我們渴望人與人、人與自然環境和諧共處；渴望未來的結局賦予目前的奮鬥意義，幫助我們面對惡行與失望。人類日益城市化，並感受到這對自己的生存環境構成威脅，在此情況下，上述願景將愈來愈有吸引力。

　　重點是，我們如此深刻感受到的終點模糊性，清楚反映在《聖經》生動（有時是可怕）的意象中。透過這面稜鏡，我們看到問題懸而未決，對進步的輕率樂觀精神因此顯得十分可疑。如果說我們有懷疑，那是對最高權柄的懷疑。

　　但這還不是全部。在人性與終局的模糊性之外，《聖經》故事還有一個關鍵主題，跟如何詮釋與回應我們日益全球化的經驗世界直接相關。這主題就是希望：在屢次的失望中，在重重的逆境中，希望仍一再出現。

　　希望的意象在《舊約》與《新約》中均清晰可見。這意象既具體又現世，但同時也反映崇高的抱負。儘管似乎注定要一再失望，這些抱負如今仍跟最初提出時一樣有意義，一樣難以實現。例如，從先知的世界開始，以下映像一出現就魅力非凡，以致人們將它歸到兩位先知名下，記錄在《彌迦書》與《以賽亞書》這兩部先知書中：

第八章 ▶▶ 我的終點裡有我的起點

　　他們要將刀打成犁頭，
　　把槍打成鐮刀。
　　這國不舉刀攻擊那國，
　　他們也不再學習戰事。

　　兩千五百年後，人間僅有的改變，是戰爭與和平生產的技術，以及衝突的危險擴及全球。

　　《新約》中也有類似的具體希望意象。在《新約》成書的年代，思想世界已有所演變——部分原因在於這中間已過了五百年，部分是因為《新約》反映一種新的基督教視角；它植根於《舊約》的背景，但靠自身的動力成長。聖保羅（St Paul）在現代世界是一位富爭議的人物，原因很多，以致我們很容易忽略了他為當時的世界說話的程度——那時候，因為貿易與人口遷徙，世界其實就已日趨城市化，並日益緊密相連。保羅的年代正值羅馬帝國鼎盛時期，而希臘人帶著他們的貿易技術與思想文化，已遍布地中海地區。在此快速演變的社會環境中，基督教能產生怎樣的影響？對此保羅的願景可說是非常激進的（radical）：「不再分猶太人與希臘人，不再分奴隸與自由人，也不再分男與女，因為你們在基督耶穌那裡都是一體的。」[9]

　　因此，保羅實際上是希望消除建基於種族／文化、社會階級，以及性別的三大鴻溝。這三大鴻溝自古以來以種種形

---

[9] 譯註：語出《加拉太書》，3:28。

式撕裂每一個文明,至今仍幾乎隨處可見——這提醒我們,我們距離和平公正的全球終局仍非常遙遠。我們或許會覺得保羅的其他著作跟上述願景並不完全一致。我們當然也會承認,歷史上的基督教運動在這三方面全都表現不佳,遠離理想的程度令人悲嘆。但是,這理想、這希望經得起時間考驗。

我們確實有進步。例如相對於上一個世代,英國社會的種族、階級與性別歧視皆明顯減輕,而世界各地許多國家也出現類似進步。一百年前可以毫無顧忌、不感到絲毫羞愧公開表達的主流觀點,今天說出來會令我們尷尬萬分。社會評論者往往更注意種種不符理想的狀況,但進步仍是真實、顯著的。而這主要是拜商業化、城市化與個體化的力量所賜,它們是全球化趨勢中三股非常強勁的力量。

但理想仍未實現,我們因此必須延續希望之火。種族／文化、社會階級與性別,每一個主題都值得寫專書討論。但就本章而言,性別問題非常重要,必須特別強調一下。

自遠古以來,在社會每一個層次,人口的一半——女性——就被視為從屬於另一半,因此備受利用與虐待。每一個文化均如此,有一些直至非常近代才出現改變,有許多迄今未變。偶然的例外,如英女王伊麗莎白一世、俄羅斯凱薩琳大帝、中國慈禧太后,不過是證明了男性當道的常規。無論何時何地,總有一些家庭是女性在幕後當家的。也總有一些家庭,男人與女人、兄弟與姐妹自在愉快地擔當傳統角色。

第八章 ▶▶ 我的終點裡有我的起點

而不管社會常規如何,很可能也有一些家庭實際上是男女共治、平等合作的。但是,壓倒性的事實是,在歷史上絕大多數時期,絕大多數女性在社會中僅能扮演邊緣角色,被剝奪了受教育的機會,沒有機會發揮潛能,而且在家庭生活裡從屬於男性,權利薄弱。而且,男性往往以各種殘忍行為鞏固他們對女性的支配:殉夫自焚、纏足、女性割禮、殺女嬰、強迫結婚,這一切除造成女性無可估量的痛苦外,還是人力資源的巨大浪費。

全球化趨勢最大的榮耀之一,是城市化、教育與通訊的發展正逐漸糾正壓迫女性的巨大不義。隨著最窮的農村社群也開始與世界連結起來,例如藉微型貸款之助,如第六章所述,婦女也開始掌握自主權。而且,世人也已發現,女性可以在商界、職場與政壇(也就是自古以來男性獨霸的任何一個領域)出人頭地,成為領袖。

不過,在全球化帶來的此一深刻社會變遷中,我們還必須看到一個更深層的真理。這真理藏在聖保羅的願景中:這不僅僅是女性要求自身權利,男性在社會舞台上向女性讓出位置的問題。我認為,保羅的話含有以下意思:人類社會的交流互動,若有男女自由充分的參與,可達致更高品質的新境界。這就像人的個性(不管是男的還是女的)若要完整,就必須認清傳統上社會對男女性格特徵的不同強調。

傳統觀念認為典型的女性特徵包括不理性、情緒化、軟弱與欠缺自立能力,這種觀念常被用來將女性非人性化;同

樣的，對男性特徵的刻板印象，如獨立、果決、堅強與英勇（因此容易受挫），同樣是將男性非人性化了。現代科學已證實，健康快樂的心理仰賴對人性中共有的所謂「男性」與「女性」特徵有更深的體悟。如果女性全面參與公共生活後男性全無改變，如果女性參與公共生活時採用男性傳統的互動模式，那麼人類將錯過一個極為重要的成長機會。所有跡象均顯示，我們可以達致遠比這理想的狀態：例如，任何一位企業領袖均可證實，工作小組（包括企業的所有層面，從董事會到最小規模的臨時工作小組）如果有男有女，往往能更有效運作。

這無疑是德日進洞見證實正確的最重要面向之一：人最終不僅是個別的個體，還是社區的一員。德日進認為，社區是隨著全球人類日益緊密相連而出現的（人類不會回到往日小規模、獨立的社群式生活）。這裡所講的社區，必定是沒有邊界的、不能排除任何一個人的。而且，這社區也必然需要全球化造就的個體化性格（這種性格是開放式的）全面參與。「沒有人是孤島」，同樣的，沒有女人是孤島。當聖保羅的願景最終實現時，我們必定已達致德日進所稱的歐米加點。

我相信，這也是暗藏在歌德巨著《浮士德》結尾神祕合唱中的希望。歌德筆下的浮士德，可說是最能彰顯男性自信自負的代表人物。浮士德看來缺乏一種直覺，以致他對人類自我實現與滿足完全欠缺較全面的認識。特洛伊的海倫是一

第八章 ▸▸ 我的終點裡有我的起點

個完美典型,不是一個真實的人。葛麗卿非常真實,但被他摧毀了。但她獲得救贖,而在浮士德臨終時刻,他最終模糊地認為自己聽到了葛麗卿歡迎他的話。此時「神祕合唱」響起,結束這齣非凡的長劇;唱詞暗示的願景,可說是和聖保羅明確指出、德日進所暗示的同出一轍。「那永恆的女性吸引我們向前。」

* * *

這只是一個幼稚的希望嗎?真的不再有猶太人與希臘人之分,奴隸與自由人之分,男與女之分嗎?我們距離這境界還非常遠。而且,在日常掙扎奮鬥的緊張狀態下,進步往往是無法察覺的。那麼,這個非理性的希望以什麼為基礎呢?

透過我的基督教稜鏡,我必須藉由一個最重要的標誌來詮釋這希望的歷史與基礎。這帶我回到米蘭大教堂的那次參訪,回到靜懸於中殿陰暗處的那個巨大十字架。我們真的都太熟悉這標誌了。這標誌在世界大部分地區非常常見,不過也在跟其他日益全球化的標誌(宗教的、世俗的、商業的)競爭世人的注意。許多人對十字架的意義不甚了了,他們更認識麥當勞的黃色M字商標(這商標如今比十字架更普遍可見)。對某些人來說,十字架的意義因為歷史而受損(譬如十字架跟十字軍東征的關聯)。對另一些人而言,十字架是一個護身符,又或者是抬高自己、貶低他人的身分標誌——例如,1990年代塞爾維亞人在波斯尼亞作戰時,脖子上

就明顯戴著十字架。

但十字架當年其實是執行死刑的工具,而且還是常用的一種。我們如今已忘了拿這種死刑工具做為一個新運動的標誌、希望的標誌,是多麼震撼的一回事。這個運動的領袖與靈魂人物被處死在十字架上時,喊出了兩句話,向我們顯示這希望的標誌是多麼不平凡。「我的神!我的神!為什麼離棄我?」這聲淒涼的呼喊將我們帶到失敗、絕望與孤獨體驗之極致。我們許多人已經有過、或將會有這種體驗:即使是那些不知道那麼多事的人也不例外。做為人,我們必然牽涉其中——沒有它,我們的全球化故事就不可能完整。

根據《約翰福音》,接著是死前最後的呼喊:「成了!」在這一刻,這究竟是什麼意思呢?這裡不適合就此問題展開神學討論。千百年來,基督教徒已就此次死亡的意義留下數以百萬計的文字紀錄,嘗試從各種角度、以各種理論來解釋它。我很懷疑世人能否徹底探索其深意。而不管如何,無論我們如何從神學上去詮釋它,如果這詮釋無法觸及我們存在的核心,那必定是無足輕重的。在我看來,若要觸及我們存在的核心,它必然得成為我們看自己與看世界的那面希望稜鏡:無論人類體驗到什麼,希望永遠都在,就在事情發生的當下,其基礎是我們已完成的事。米蘭大教堂的十字架,以及我們在所有其他場合碰見的十字架,它們的意義就在這裡。容我再說一次:做為人我們必然牽涉其中,沒有它,我們的全球化故事就不可能完整。

第八章　▶▶ 我的終點裡有我的起點

*　*　*

因此，歸根結柢，我們應帶著希望，而不是絕望，也不是不加批判的樂觀，去面對我們的全球化未來，個人及整體的，物質及精神的。

而這要求我們採取行動──在所有生活領域，包括親密關係、社會生活、商業、職業，以及我們的內在自我（這是我們自己都不完全了解的）。我們必須在數種意義上面對這要求。首先，世界呼喚我們參與全球市場模糊曖昧的生活，而不是脫離它。第二，我們必須發揮判斷力：在全球經歷危機的時刻，記得「crisis」（危機）一詞源自希臘文意思為「判斷」的單詞，對我們是有益的。只要我們直接或間接涉入不公義、排斥與剝削（總是這樣的），我們就無可避免地必須發揮判斷力。第三，我們每一個人都可能必須擔起自己個人的十字架，而我們可能無法預知這將如何、為何或何時發生。經歷此事時，我們或許必須謹記一件事：有人已經做過這件事。最後，我們都知道，我們肯定會犯錯；但我們總是可以選擇懺悔，而贖罪與重生永遠都是可能的。即使有時我們覺得路已走到盡頭，但那可能只是另一個起點。

在這基礎上，我們將不停探索（與奮鬥），儘管我們將無法看見終點。而即使我們對方向與終點只有不完整與暫時的認識，我們總有能力保持希望，希望自己向目標邁進──這是在全球市場中生活唯一負責任的願景。

Good Value: Reflections on Money, Morality and an Uncertain World
Copyright © 2009 by Stephen Green
Published by arrangement with Allen Lane, an imprint of Penguin Books
Through Andrew Neurberg International Ltd
Chinese Translation Copyright © 2010 by Wealth Press
ALL RIGHTS RESERVED.

財經趨勢系列 039
美好價值：金錢、道德與不確定世界的省思

作　　者：史蒂芬・葛霖（Stephen Green）
譯　　者：許瑞宋
總 編 輯：楊　森
副總編輯：許秀惠
主　　編：金薇華
行銷企畫：呂鈺清
發 行 部：黃坤玉　賴曉芳

出版者：財信出版有限公司／台北市中山區10444南京東路一段52號11樓
訂購服務專線：886-2-2511-1107　訂購服務傳真：886-2-2511-0185
郵政劃撥帳號：50052757 財信出版有限公司　http://wealthpress.pixnet.net/blog/

製版印刷：前進彩藝有限公司
總經銷：聯豐書報社／台北市大同區10350重慶北路一段83巷43號／電話：886-2- 2556-9711

初版一刷：2010年10月　定價：320元
ISBN 978-986-6165-02-3
版權所有・翻印必究　Printed in Taiwan　All rights reserved.
（若有缺頁或破損，請寄回更換）

國家圖書館出版品預行編目資料

美好價值：金錢、道德與不確定世界的省思／史蒂芬・
　葛霖（Stephen Green）著；許瑞宋譯.-
　初版.- 台北市：財信 2010.10
　　　面；　公分.-（財經趨勢系列；039）
　譯自：Good Value: Reflections on Money, Morality and
　　　　an Uncertain World
　ISBN 978-986-6165-02-3（平裝）

　1. 財富　2. 經濟倫理　3. 銀行業　4. 資本主義
　5. 金融危機
551.2　　　　　　　　　　　　　　　99017613